本书是国家社会科学基金一般项目
《双循环格局下高技术产业链空间布局优化与韧性提升的实现路径研究》
（23BJY057）的阶段性研究成果

Zhongguo Chengshiqun Chanyelian
Xiandaihua Shuiping Cedu、Yingxiang
Xiaoying yu Shixian Lujing

Chengshiqun

中国城市群产业链现代化水平
测度、影响效应与实现路径

田园　任毅　郭丰　易淼　◎著

中国财经出版传媒集团
经济科学出版社
Economic Science Press
·北京·

图书在版编目（CIP）数据

中国城市群产业链现代化水平测度、影响效应与实现路径／田园等著 . -- 北京：经济科学出版社，2024. 7. -- ISBN 978-7-5218-6203-4

Ⅰ. F269.23

中国国家版本馆 CIP 数据核字第 20244JV466 号

责任编辑：袁　澂
责任校对：李　建
责任印制：邱　天

中国城市群产业链现代化水平测度、影响效应与实现路径
ZHONGGUO CHENGSHIQUN CHANYELIAN XIANDAIHUA SHUIPING CEDU、
YINGXIANG XIAOYING YU SHIXIAN LUJING

田　园　任　毅　郭　丰　易　淼　著
经济科学出版社出版、发行　新华书店经销
社址：北京市海淀区阜成路甲 28 号　邮编：100142
总编部电话：010 - 88191217　发行部电话：010 - 88191522
网址：www. esp. com. cn
电子邮箱：esp@ esp. com. cn
天猫网店：经济科学出版社旗舰店
网址：http：//jjkxcbs. tmall. com
北京联兴盛业印刷股份有限公司印装
710×1000　16 开　16.5 印张　206000 字
2024 年 7 月第 1 版　2024 年 7 月第 1 次印刷
ISBN 978 - 7 - 5218 - 6203 - 4　定价：85.00 元
（图书出现印装问题，本社负责调换。电话：010 - 88191545）
（版权所有　侵权必究　打击盗版　举报热线：010 - 88191661
QQ：2242791300　营销中心电话：010 - 88191537
电子邮箱：dbts@ esp. com. cn）

前　言

　　当前复杂严峻的国际局势以及"逆全球化"趋势明显，给我国的产业链安全和稳定带来了重大挑战，提升产业链现代化水平成为保障我国经济健康发展、实现中国式现代化的重要举措和必然要求。基于这一复杂的形势，准确识别中国当前产业链现代化的发展水平以及其分布特征，从数智化、合理化以及高级化三个层面出发，探究数字经济、绿色金融、产业政策对城市群产业链现代化的影响效应，把握其和数字经济、绿色金融、产业政策等关键要素之间的理论机理，无论在理论探索还是政策实践层面，都具有重要的参照借鉴价值和现实意义。

　　回顾国内外相关研究，关于产业链内涵、形成机制、产业链类型、产业链整合等理论的研究已经较为丰富和完善，产业高质量发展的测度也比较成熟，关于城市群产业链现代化的相关研究则主要集中在城市群建设与产业链现代化水平提升的关系以及城市群产业链现代化的政策方面。然而，关于我国产业链现代化的相关研究还不多，关于中国各城市群产业链现代化水平的定性分析和定量测度还比较少，亟须加强和深化。

　　基于此，本书借鉴产业链现代化的最新理论和文献，从整体、各城市群、地级市 3 个层次，对中国城市群产业链现代化水平进行测度和分析。此外，本书中厘清助推城市群产业链现代化的三大支撑力和要素层面的相应理论机理，研究设计了城市群产业链现代化的实现路径。因此在一定程度上夯实了实现产业链现代化的理论支撑，丰富了产业经济学理论体系。

本书的主要内容按照"理论机理—实证分析—实践研究"的逻辑框架加以展开：

第一章为绪论。本章主要起统领作用，一是提出本书的研究背景和意义；二是概述本书的主要研究内容和方法，以及本书的逻辑路线图；三是从学术创新和学术价值两个角度，阐述本书的成果创新点。

第二章为文献综述与理论机理。在界定关于产业链现代化相关内涵的基础上，回顾和总结了关于城市群产业、产业链、产业链现代化的相关文献。在此基础上，进一步将助推产业链现代化的合力细分为数智化、合理化以及高级化（即"三化"）三个支撑力，并从文献层面，要素层面的数字经济（数智化）、绿色金融（合理化）、产业政策（高级化），探寻其对城市群产业链现代化的影响。基于以上研究，从而剖析"三化"赋能产业链现代化的理论机理。

第三章为中国城市群产业链现代化的水平测度与分析。产业基础是产业形成和发展的基本支撑，产业基础能力是衡量产业链现代化水平的重要指标。本书在厘清产业基础能力与产业链现代化水平的逻辑关系的基础上，构建了以实体经济增值力、公共服务承载力、交通设施联通力、自主创新推动力、生态环境承载力、贸易畅通度、市场开放度、产业结构协同度八个维度来表征的基于产业链现代化的产业基础能力的综合评价指标体系。利用时空改进熵值法测度了中国十大城市群的产业基础能力，分综合指数以及各子系统两个方面，从整体、各城市群、地级市3个层次分析其产业基础能力发展水平及差异。

　　第四章为数字经济对中国城市群产业链现代化的影响研究。数字经济为经济高质量发展提供了新动能，是构建现代经济体系的重要引擎。本书在构建城市群数字经济发展水平指标体系的基础上，利用熵值法对城市群数字经济发展水平、城市群产业链现代化水平进行了测度。基于相关数据，实证检验了数字经济发展对城市群产业链现代化水平的影响，进一步考察了数字经济影响城市产业链现代化发展的作用机制，并对其中的异质性进行了分析。

　　第五章为绿色金融对中国城市群产业链现代化的影响研究。绿色金融是未来金融发展的一种方向与趋势，对促进城市群产业链现代化、区域经济高质量发展具有重要意义。本书利用十大城市群 156 个地级市 2010～2020 年的面板数据，构建了绿色金融与城市群产业链现代化评价指标体系，在此基础上，进一步探究绿色金融对中国城市群产业链现代化发展的理论影响机制，综合运用空间计量相关实证方法定量测算绿色金融对产业链现代化及其子系统的显著影响效应，并借助 ArcGIS 工具以可视化的地图形式进行空间识别和制图，剖析其空间相关性。

　　第六章为产业政策对中国城市群产业链现代化的影响研究。探究产业政策对产业链现代化水平的影响，对于加快建设现代化经济体系有着理论意义和现实意义。本书系统搜集了全国十大城市群 156 个地级市及其所在省份发布的与产业链现代化相关的产业政策，并按照发布主体、实施效力、工具类型、政策内容等维度对产业政策进行分类统计，构建产业政策指标体系，实证检验产业政策对产业链现代化的影响效应及作用机理。

　　第七章为中国城市群产业链现代化的实践经验。粤港澳大湾区、成渝地区双城经济圈以及长三角城市群的产业链现代化发展既是构建我国新格局的重要战略支撑，也与我国经济发展的着力点和转型要求相适应。基于此，本书梳理了长三角城市群战略性新兴产业链现代化发展实践、粤港澳大湾区高技术产业链现代化发展实践以及成渝地区双城经济圈协同推进产业链现代化发展实践，为本书的实证分析结果提供实际案例和参考。

第八章为中国城市群产业链现代化发展路径与政策建议。为实现中国城市群产业链现代化，应坚持创新的核心地位，推动城市群"四链"深度融合；重点培育"链主"企业，以产业集群梯次化助力产业链现代化；释放主体功能区极化效能，构建优势互补、高质量发展的城市群产业链现代化；坚持以实体经济为基础，夯实产业基础承载能力；推进政策体系构建，营造一流"软、硬"营商环境。

本书第一至二章由任毅教授牵头撰写；第三至六章由田园副教授牵头撰写；第七至八章由郭丰讲师、易淼教授牵头撰写。感谢本课题组研究生田浩、何睿、高佳音、姚琴、赵文娟等所做的数据和资料收集、文献检索与整理工作。

本书得到了重庆市研究生导师团队建设项目区域经济高质量发展（722122001），重庆市经济学拔尖人才培养示范基地（61011600107）的资助与支持。

作者在写作过程中参考了若干已经出版的有关城市群与产业链现代化方面的文献，谨向这些文献的作者表示由衷的感谢。

本书欢迎广大学者的批评与指正，期望能够引发更多的思考与讨论，共同促进学术繁荣与发展。

作　者

2024 年 7 月

目 录

第一章

绪　　论

第一节　研究背景与研究意义

一、研究背景

在新发展格局下，提升产业基础能力和产业链现代化水平，是提升韧性、打通国民经济循环堵点的关键。产业链现代化不仅是构建新发展格局的应有之义与必然要求，也是完善现代产业体系、推动经济体系优化升级的重要任务，更是应对世界百年未有之大变局、确保我国经济安全的关键举措，有利于提高我国产业国际竞争力，塑造我国参与国际合作和竞争新优势。当前，我国产业链建设还存在一些较为突出的问题。首先是核心技术存在短板，诸如光刻机、芯片、激光雷达等高端技术仍被"卡脖子"问题困扰，且在短时间内难以突破，对产业链安全性与稳定性提出了挑战；其次是产业基础薄弱、产业附加值低以及盈利能力不强，面临着创新能力不足和资源利用效率不高等困难。加之近年来以美国为首的西方国家一意孤行，实施单边主义政策，全球多边合作模式受到冲击，给全球经济带来不确定性，"逆全球化"浪潮掀起，全球产业链向本地化趋势发展，使我国产业链安全和稳定面临着巨大威胁。面对复杂严峻的国际局势，提升产业链现代化水平成为保障我国经济健康发展的重要举措和必然要求。

2019年8月26日，习近平总书记在中央财经委员会第五次会议上提出，要充分发挥集中力量办大事的制度优势和超大规模的市场优势，打好产业基础高级化、产业链现代化的攻坚战①。明确将"产业链现代化"这一重大问题纳入理论界当下亟待解决的研究范畴。产业链现代化是在具有中国特色的产业链理论基础上，基于新的国际竞争环境和国家发展战略而提出的全新概念，是对产业链理论的深化与拓展，即在已有现代化理论的基础上对产业链如何走上现代化道路的理论探索，其本质是指用科学技术和先进产业组织方式来改造传统产业链，使产业链具备高端链接能力、自主可控能力和领先全球市场的竞争力。2020年10月，十九届五中全会通过了《中共中央关于制定国民经济和社会发展第十四个五年规划和二〇三五年远景目标的建议》，该文件将提升产业链现代化水平，形成具有更强创新力、更高附加值、更安全可靠的产业链作为"十四五"时期经济社会发展和改革开放的重点任务之一②。由此可见在经济建设过程中，国家已将建设高质量产业链的重要性提升到了国家战略的新高度。2022年10月16日，习近平总书记在党的二十大报告中

①　习近平主持召开中央财经委员会第五次会议［EB/OL］.（2019 - 08 - 26）. https：//www. gov. cn/xinwen/2019 - 08/26/content_5424679. htm.

②　中共中央关于制定国民经济和社会发展第十四个五年规划和二〇三五年远景目标的建议［EB/OL］.（2020 - 11 - 03）. https：//www. gov. cn/zhengce/2020 - 11/03/content_5556991. htm.

进一步指出要着力提升产业链供应链韧性和安全水平，加快建设现代化经济体系。因此，现阶段提升产业链现代化水平是我国经济发展任务的重中之重，这不仅关系到新发展格局的构建，更关系到中国式现代化建设的目标能否顺利实现。

城市群是工业化和城镇化发展到一定阶段的必然产物，其发展与产业结构演进相交融。城市群作为人口、产业和经济的空间载体，其内部城市各要素之间的集聚和涓滴效应能促进经济稳定协调发展（王运喆等，2023）。城市群是在空间上呈现出的高级组织形式，是由多核心、多等级、不同层次的城市在空间相互作用的影响下，进而形成的城市联合体。城市群的发展是我国城市规模不断扩大、现代化程度持续上升、"四化"同步水平显著提高、人民生活水平日益提高的表现。城市群的建设是我国实现国家新型城镇化的重要环节，对我国践行新发展理念，推动形成新发展格局，促进区域协调发展，并最终实现高质量发展起到重要作用。"十四五"规划中指出，今后各城市之间应依托城市群、都市圈进行协调联动，以促进城市群发展为抓手，推进城市的高质量发展，促进大中小城市的特色化发展①。

城市群是产业链的基础，无论是锻造产业链长板，还是补齐产业链短板，都离不开城市群的支撑作用，因此产业链现代化水平的提升归根结底需要通过城市群高质量发展予以实现。产业链现代化水平虽以产业层面为缘起，但必然要涵盖城市层面，才能形成贯穿宏微观的现代化发展理论与实践体系。然而，目前对于产业链现代化水平的研究基本聚焦在宏观、中观层面，包括产业链现代化水平的测度、内涵特征与实现路径等，仅有少

---

① 中共中央关于制定国民经济和社会发展第十四个五年规划和二〇三五年远景目标的建议 [EB/OL]. (2020－11－03). https://www.gov.cn/zhengce/2020－11/03/content_5556991.htm.

数文献涉及城市群在实现产业链现代化中的具体作用，而深入城市层面探索城市群与产业链现代化水平的内在联系与作用机理的研究甚少。综上所述，本书认为在当前经济发展新格局的背景下，迫切需要以城市群作为切入点，对探索产业链现代化水平提升路径展开系统性研究，围绕长江经济带、成渝地区双城经济圈及西部陆海新通道打造跨中国城市群产业链现代化协同发展生态，构建完善优势互补、分工合理的现代化产业链发展体系。

二、研究意义

（一）理论意义

（1）在中国经济已由高速增长阶段转向高质量发展阶段的背景下，提升产业链现代化水平是建设现代化产业体系的关键，以产业高质量发展推动产业链现代化水平提升，进一步支撑高质量发展。目前相关研究主要集中于探讨整体层面或者单个城市群的产业链现代化，关于中国城市群产业链现代化水平的系统性研究较少，亟须加强和深化。

（2）本书厘清了城市群产业链现代化的相关内涵，构建了城市群产业链现代化水平的评价指标体系，分析了助推城市群产业链现代化的三大支撑力和要素层面的相应理论机理，研究设计了城市群产业链现代化的实现路径。因此在一定程度上夯实了实现产业链现代化的理论支撑，丰富了产业经济学理论体系。

（二）实践意义

（1）构建中国现代化产业体系，离不开产业链现代化水平的提升，这不仅有利于缓解"卡脖子""低端锁定"等问题、促进区域间产业分工协同，更能助推我国新型工业化的基本路径和经济高质量发展。

（2）本书立足我国城市群产业链现代化发展水平现状，从数智化、合理化以及高级化三个层面出发，探究数字经济、绿色金融、产业政策对城市群产业链现代化的影响效应，并探讨了中国城市群产业链现代化的实践经验，由此能为推动我国经济高质量发展提供一定的方法指导，与当前的新发展格局目标一致，具有一定现实意义和实践意义。

第二节 研究内容与方法

一、研究内容

本书以"城市群产业链现代化"为研究对象，本书共分为八章，主要内容如下：

第一章为绪论。本章主要起统领作用，一是提出本书的研究背景和意义；二是概述本书的主要研究内容和方法，以及本书的逻辑路线图；三是从学术创新和学术价值两个角度，阐述本书的成果创新点。

第二章为文献综述与理论机理。在界定关于产业链现代化相关内涵的基础上，回顾和总结了关于城市群产业、产业链、产业链现代化的相关文献。在此基础上，进一步将助推产业链现代化的合力细分为数智化、合理化以及高级化（即"三化"）三个支撑力，并从文献层面，要素层面的数字经济（数智化）、绿色金融（合理化）、产业政策（高级化），探寻其对城市群产业链现代化的影响。基于以上研究，从而剖析

"三化"赋能产业链现代化的理论机理。

第三章为中国城市群产业链现代化的水平测度与分析。产业基础是产业形成和发展的基本支撑，产业基础能力是衡量产业链现代化水平的重要指标。本书在厘清产业基础能力与产业链现代化水平的逻辑关系的基础上，构建了以实体经济增值力、公共服务承载力、交通设施联通力、自主创新推动力、生态环境承载力、贸易畅通度、市场开放度、产业结构协同度八个维度来表征的基于产业链现代化的产业基础能力的综合评价指标体系。利用时空改进熵值法测度了中国十大城市群的产业基础能力，分综合指数以及各子系统两个方面，从整体、各城市群、地级市3个层次分析其产业基础能力发展水平及差异。

第四章为数字经济对中国城市群产业链现代化的影响研究。数字经济为经济高质量发展提供了新动能，是构建现代经济体系的重要引擎。本书在构建城市群数字经济发展水平指标体系的基础上，利用熵值法对城市群数字经济发展水平、城市群产业链现代化水平进行了测度。基于相关数据，实证检验了数字经济发展对城市群产业链现代化水平的影响，进一步考察了数字经济影响城市产业链现代化发展的作用机制，并对其中的异质性进行了分析。

第五章为绿色金融对中国城市群产业链现代化的影响研究。绿色金融是未来金融发展的一种方向与趋势，对促进城市群产业链现代化、区域经济高质量发展具有重要意义。本书利用十大城市群156个地级市2010～2020年的面板数据，构建了绿色金融与城市群产业链现代化评价指标体系，在此基础上，进一步探究绿色金融对中国城市群产业链现代化发展的理论影响机制，综合运用空间计量相关实证方法定量测算绿色金融对产业链现代化及其子系统的显著影响效应，并借助 ArcGIS 工具以可视化图形进行空间识别和制图，剖析其空间相关性。

第六章为产业政策对中国城市群产业链现代化的影响研究。探究产业政策对产业链现代化水平的影响，对于加快建设现代化经济体系有着理论意义和现实意义。本书系统搜集了我国 262 个地级市及其所在省份发布的与产业链现代化相关的产业政策，并按照发布主体、实施效力、工具类型、政策内容等维度对产业政策进行分类统计，构建产业政策指标体系，实证检验产业政策对产业链现代化的影响效应及作用机理。

第七章为中国城市群产业链现代化的实践经验。粤港澳大湾区、成渝地区双城经济圈以及长三角城市群的产业链现代化发展既是构建我国新格局的重要战略支撑，也与我国经济发展的着力点和转型要求相适应。基于此，本书梳理了长三角城市群战略性新兴产业链现代化发展实践、粤港澳大湾区高技术产业链现代化发展实践以及成渝地区双城经济圈协同推进产业链现代化发展实践，为本书的实证分析结果提供实际案例和参考。

第八章为中国城市群产业链现代化发展路径与政策建议。本书已从"坚持创新的核心地位，推动城市群'四链'深度融合；重点培育'链主'企业，以产业集群梯次化助力产业链现代化；释放主体功能区极化效能，构建优势互补、高质量发展的城市的城市群产业链现代化；坚持以实体经济为基础，夯实产业基础承载能力；推进政策体系构建，营造一流'软、硬'营商环境"五个层面初步归纳总结部分政策建议，还拟从推动产业基础更加高级、促进产业链更加完善、保障供应链更加安全、实现价值链更加高端四个方面设计中国城市群产业链现代化发展路径。

本书内容逻辑结构如图 1-1 所示。

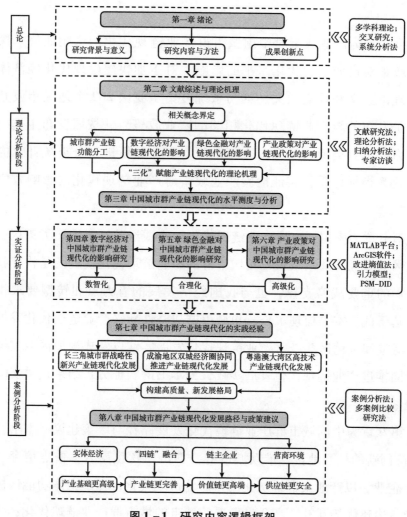

图1-1 研究内容逻辑框架

二、研究方法

（1）文献分析法。通过回顾国内外关于城市群产业链现代化的相关文献，总结经验与启示，为本书研究奠定理论和经验基础。

（2）多学科理论交叉研究。综合运用产业分工理论、城市经济学、发展经济学、区域经济学、制度经济学、新经济地理学等多学科理论，深入探究产业链现代化的理论逻辑、评价体系和实现路径，从而形成系统性理论成果。

（3）描述性统计和地理信息系统法。运用图形及表格将测算结果的数据特征加以描述，对产业链现代化水平的结果从全国整体、城市群、地级市3个层次进行分析；同时运用地理信息系统，基于 MATLAB 与 ArcGIS 平台，运用遥感、空间信息技术，结合产业链现代化水平及其所包含的八大维度的评价数据，对中国城市群产业链现代化发展水平进行空间识别及制图，分析城市群产业链现代化发展水平的时空演变特征。

（4）实证研究法。①综合使用时空改进熵值法、引力模型等方法构建评价城市群产业链现代化发展水平评价指标体系；②采用基准回归模型、空间杜宾模型（SDM）、全局空间自相关分析（Moran）、空间计量经济模型等实证方法检验数字经济、绿色金融、产业政策对城市群产业链现代化的影响效应；③利用莫兰指数和系统 GMM 对模型的空间自相关性和内生检验性进行检验；④从产业政策层面的政府、市场、技术三个核心要素出发，运用"准自然实验"方法（PSM – DID），检验产业政策对城市群产业链现代化的影响效应和作用机理，进一步运用系统 GMM 估计方法检验产业政策的内生性问题及区域的空间异质性效应。

（5）案例分析法。本书第七章选择粤港澳大湾区、成渝地区双城经济圈以及长三角城市群这三个具有代表性城市群进行分析研究，全面收集这三个城市群关于产业链现代化的相关资料，在系统整理收集到的资料的基础上，对这三个城市群关于产业链现代化的相关内涵和涉及的重点产业进行综合分析。

（6）多案例比较研究法。对粤港澳大湾区、成渝地区双城经济圈以及长三角城市群这三个具有代表性的城市群的产业链现代化的实践经验进行分析研究，也对不同类型、不同行业的产业链现代化水平进行比较。在探索城市群产业链现代化实现路径的共性和一般规律基础上，揭示我国产业链现代化的特性。

第三节　成果创新点

一、学术创新

（一）学术思想创新

（1）城市群是构建新发展格局的重要增长极，从产业链现代化角度布局和完善城市群的空间发展能力，能有效推动形成优势互补、高质量发展的区域经济布局，实现城市群协同发展。

（2）城市群产业链现代化是我国现代产业体系的基础与支撑，应把城市群产业链现代化的水平测度、影响效应等纳入统一的理论分析框架，进而探究中国城市群产业链现代化推动两种价值循环、实现全球价值链升级的新路径。

（二）学术观点创新

（1）经济循环的宏观格局之变，离不开产业链的微观基础之变。应以城市群为产业优化的主体，探讨城市群产业链结构之变，发挥其在畅通国内大循环、促进国内国际双循环中的增长极作用。

（2）以不同层次的城市群为空间载体，探索中国城市群产业链现代化发展的影响因素与实现路径，能有效推动中国城市群产业链结构升级与现代化经济体系优化。

（三）研究方法创新

（1）将宏观区域经济数据与微观调研相结合，运用社会网络分析方法、空间信息技术等方法，以可视化、交互性强的空间地图形式，对中国城市群产业链的水平测度、影响因素与实现路径展开定量评价、空间识别及制图研究。

（2）综合使用各层级的宏观数据和产业数据、微观企业数据以及部分补充调查数据，利用层次分析法、专家咨询法等构建包括实体经济增值力、实体经济外部支撑力、交通设施联通力、自主创新推动力、生态环境承载力、贸易畅通度、市场开放度、产业结构协同度八个维度在内的中国城市群产业链现代化指标体系，并运用"准自然实验"方法，检验产业政策对中国城市群产业链高级化的影响效应。

二、学术价值

（1）城市群是支撑经济增长、促进区域协调发展、参与国际竞争合作的重要平台，但已有研究较少以城市群为载体探讨产业链现代化。

（2）已有研究对城市群产业链分工界定可能出现混淆，本书在厘清城市群产业链现代化内涵及边界的基础上，构建一个城市群层面产业链现代化的综合理论分析框架，同时，借助区域经济学、价值链分工理论、经济地理与空间信息科学等学科理论、多种技术手段交叉，丰富和发展"区域经济协调发展"的理论研究。

第二章

文献综述与理论机理

第一节 相关内涵

一、产业链的内涵

产业链的思想起源于国外，可以追溯到亚当·斯密《国富论》中的产业分工（Krugman et al.，1980），即"工业生产是一系列基于分工的迂回的链条"（Anselin，1988），但此时这一思想还仅仅用于描述企业内部的分工。产业链的系统研究开始于1958年，赫希曼（Hirschman）在《经济发展战略》中分析了产业链的前向联系和后向联系。20世纪80年代兴起的新产业组织理论揭示了产业链厂商实施纵向控制，扩张市场势力的策略行为（Williamson，1981，1985；Nathan，2001）。西方学术界已经不再频繁使用产业链这个概念（李想和芮明杰，2008），很多情况下不再将产业链视为独立的对象进行系统研究，而是更多地将研究局限于产业链的具体表现形式（邵昶和李健，2007；程宏伟等，2008）。但随着供应链、价值链等新概念的出现，国内对产业链的研究开始快速发展起来。1985 年我国学者姚齐源、宋伍生首次提出"产业链"这一概念，但没有给出明确的界定。1988 年我国学者张文合在《青海省工业战略性优势产业群决择》一文中首次对产业链作出了定义。在这之后，随着相关研究的不断深入，产业链的概念不断得到丰富并被纳入产业经济学的学科体系。代表性的观点主要有：一是将产业链看成供应链，郁义鸿（2005）认为产业链是由彼此关联的多个产业组成的产业链条或企业从采购原材料到产品消费的全过程增值系统。二是将产业链看成价值链，黄群慧（2020）认为产业链是按照价值链分布的各企业或者实体之间的链条式关联关系和时空分布形态。张其仔和许明（2020）认为全球价值链是创新链与产业链互动的结果。三是将产业链看成技术链，罗仲伟和孟艳华（2019）、盛朝迅（2019）认为产业链是指各产业部门之间基于技术经济联系和时空布局关系而客观形成的链条式关联形态。基于以上的观点，目前关于产业链较为普遍的内涵界定是：产业链是以生产或服务阶段的分割为基础而形成的分工网络，是产业内或产业间的联系，其主体是指国家或地区（张其仔，2021），是一种价值链分布下的企业或实体之间的链条式关联关系和时空分布形态（Johnson，2014；黄群慧和倪红福，2020）。综上所述，本书将产业链界定为各产业部门之间基于特定的时空布局关系和技术经济联系所形成的链条式关联形态，是供需链、企业链、空间链和价值链四个维度有机集合而形成的链条（Aviles，2015），产业链中的四个维度相互对接寻求均衡，以价值链为主导，以供需链为动力，以企业链为载体，以空间链为依托，共同调控着产业链的形成。

二、产业链现代化的内涵

产业链现代化是在已有现代化理论的基础上对产业链如何走上现代化道路的理论探索（汪延明和李家凯，2023）。纵观产业链现代化演进过程不难发现，"创新能力"与"产业基础能力"一直贯穿于产业链现代化内涵发展的始末，因此这两个要素可以被视为推动产业链现代化水平提升的核心要素。在不同发展阶段，又将在两大要素基础上衍生出新的发展要求和趋势，那么在新发展格局背景下的产业链现代化水平应该包含以下五个维度。

第一，更强的创新能力是推动产业链现代化的根本驱动力。创新是提高全要素生产率的重要组成部分，能推动我国经济发展方式不断转变，实现经济的可持续高质量增长。创新引发的技术梯度溢出将导致产业转移，而这正是全球价值链的形成、布局以及持续升级的核心动力源。创新能力强的企业和区域在全球产业链中处于领先位置，获得高额附加值；而创新能力较弱的企业和区域需要加快创新，推动升级，摆脱低端定位，优化和升级全球供应链。

第二，更强的产业基础支撑力是产业链现代化的重要保障。产业基础支撑能力包括基础研究、共性研究、前瞻战略技术以及制造体系的完备性等因素。产业基础不牢固，产业链现代化建设就将面临发展瓶颈，出现"韧性不足、多痛点和高风险"等问题。同时，产业基础是产业形成与发展的基本支撑，决定了一个国家或地区的核心竞争力。因此，提升产业基础能力非常有助于消除我国产业循环中的断点和堵点，是畅通国内循环的关键环节。

第三，更高的安全化水平是新发展格局的关键着力点。实现高水平的自立自强需要以"安全"作为首要前提。新冠疫情对跨国公司主导的产业链"水平化"分工体系造成了冲击，加速了全球产业链结构的重构，并导致全球产业链呈现本土化、区域化和垂直化的趋势。我国明确提出以"维护国家国防安全、产业安全、能源安全、粮食安全、生态安全"的"五大安全"战略定位为指导的高质量发展战略。因此，安全化成为当前产业链现代化建设和实现产业链自主控制的新要求和保障（盛朝迅，2019；黄奇帆，2020；叶敏华，2021）。

第四，更高的数字化水平是新发展格局的重要组成部分。新冠疫情催生线上经济和数字经济的快速发展，并重塑传统的商业模式。中国在制度、基础设施建设和移动互联产业方面具备良好的发展基础，已经在产业链数字化建设方面取得了明显的优势。完善的产业链体系和发达的生产配套网络为数字化提供了良好的整合基础，使中国有望在数字经济发展方面实现产业链现代化建设上的领先优势。

第五，更高的生态化水平是应对全球环境问题的重要举措。越来越多的国家将"碳中和"提升至国家战略层面，追求零碳未来的愿景。中国明确将做好"碳达峰"和"碳中和"作为重点任务，并将"碳中和"作为新发展格局构建的重要目标。这必将对全球以及中国产业链的重构、重组和新国际标准制订产生深远影响，推动生态化建设，实现绿色转型，将助力中国经济实现高质量发展，也将助力产业链现代化建设水平不断提升。

综上所述，本书将产业链现代化水平内涵界定为：产业链现代化是指产业链将具备更强创新能力、更强产业基础支撑力、更高安全化水平、更高数字化水平和更高生态化水平五大特征，并且为了适应新的时代背景和变化需求，必须在技术、组织、管理、运营、生态等方面实现全面提升和转型升级。

三、城市群产业链现代化的内涵

城市群是支撑经济增长、促进区域协调发展、参与国际竞争合作的重要平台和载体，其作为资源要素的主要集聚地、协同创新的最强承载体和国家经济发展的重要空间组织形态（范晓敏，2020），在国家和区域经济社会发展中发挥着核心支撑作用。

城市群产业链现代化的内涵是指在城市发展过程中，通过结合市场需求和科技进步，将传统的产业链转化为高效、智能、绿色、可持续发展的现代化产业链。

具体而言，城市群产业链现代化包括以下几个方面的内涵：①高效性。通过信息技术和数字化手段，实现供应链、生产链和销售链的高效衔接，提高资源利用效率和生产效率。例如，通过物联网技术实现工业设备远程监控和管理，减少人力资源的浪费和生产环节的低效率。②智能化。运用人工智能、大数据分析等技术，实现生产过程的智能化管理、自动化控制和优化决策。通过智能化系统的建设，提高产品质量、减少生产风险，提高生产效率和资源利用效率。③绿色化。在产业链的各个环节中，推动可持续发展和绿色生产。通过降低环境污染、减少能源消耗、优化物料流转等措施，推动产业链的绿色化和循环经济的发展。④多元化。促进产业链的多元化发展，降低对单一产业的依赖，增加产业链的韧性和抗风险能力。通过推动不同产业之间的协同发展和互联互通，优化产业结构，提高城市链的产业链整体效益。⑤创新性。以科技创新为核心，通过培育创新型企业和创新生态系统，推动产业链的创新驱动发展。通过技术创新和产业链的优化升级，提升城市链的产业链竞争力和核心竞争力。

综上所述，城市群产业链现代化是指以城市群作为载体平台，通过高效、智能、绿色、多元和创新驱动的方式，提升城市产业链的效益和竞争力，推进产业链现代化水平的提升，实现可持续发展。

第二节 文献综述

一、城市群产业发展研究

城市群是城市在空间发展上的一种高级形态，在经济全球化背景下，城际经济联系强度不断提升，在技术先进化、产业高级化、市场专业化的推动下，城市群产业功能分工日益精细化，推动城市群产业空间布局进而形成地区内部的产业合理化分工是当前城市群产业高质量发展的重要努力方向。相较于地市级和省级尺度，城市群的范围更广泛，因此决策者在制订城市群产业政策时面临着平衡城市群内部产业发展和整体统筹发展、重点产业培育和产业体系构建的双重挑战。在这一方面，学者们通常从更实际的角度出发，强调理论与实践相结合，相关研究主要集中在以下三个方面。

（一）城市群产业分工的相关研究

区域分工理论是研究城市群产业体系的理论基础。分工有效地促进了生产力的快速发展，它不仅体现在部门间、企业内和企业间的分工，还包括了区域间和国家间的分工。区域分工是指在一定的利益机制支配下，相互关联的社会生产体系在地理空间上发生的差异化分化（杨开忠，1989）。它通常表现为区域生产的专业化或形成特定的专业部门。古典经济理论、新古典经济理论和新经济地理理论等为区域分工提供了强大的理论支持。相关研究主要分为以下三个方面。

第一，城市群产业分工的内在机理。城市群产业分工的内在机理是指城市群内部不同城市在产业分工上的相互作用和影响机制，以及在全球化背景下城市群产业分工的形成和演变机制。大多数学者从总部经济角度出发，认为以管理、服务为主要职能的企业总部和以加工、制造为主要职能的生产基地两者分布地的不同是城市群内部各城市产业功能分工形成的契机。霍洛威和惠勒（Hooloway & Wheeler，1991）经过不断探索发现，企业总部和生产基地的聚集强化了所在城市的相关职能，并逐步深化功能分工水平。杜万存（2015）通过案例分析和实证研究，探讨了城市群产业分工的协同效应机理，其中包括规模效应、技术溢出效应、协同创新效应和资源共享效应等多个方面，揭示了城市群产业分工协同发展的内在机制。马燕坤（2016）依据新古典经济学理论，认为城市群功能分工的形成与城市群的发展息息相关，是城市功能专业化收益与城市间经济联系产生的交易费用相互权衡的结果，并且将要素成本、技术进步、行政分割和城市发展视作形成城市群功能分工的四种因素。蔡莹（2016）针对城市群产业分工的空间演化机理进行了模拟研究，并阐述了城市群内部城市在空间布局上的相互作用和影响机制，分析了城市群产业分工的演变模式和区域空间结构。陈童等（2017）通过产业链集群、城市群和区域协同的理论框架，分析了城市群产业分工的内在机理和产生的原因，揭示了城市间分工合作的持续性和动态演化，同时提出了区域协同合作的政策建议。唐永鸿（2018）构建了城市群产业分工系统动力学模型，并分析了城市群内不同城市在产业分工上的相对优势和互补性，从而揭示了城市群产业分工内在机制中的多种关系。胡论福

（2019）通过对多个城市群的实证研究，探讨了城市群产业分工的结构演变机理及路径选择，其中包括产业链和价值链的优化、禀赋资本的利用、空间利用的优化等多个方面，从而揭示城市群产业分工的内在机理。马燕坤和张雪领（2019）通过分析城市群产业功能分工的主要特征，指出生产成本差异、技术进步和应用、区域经济一体化、集聚经济、行政体制、历史文化等因素是影响城市群功能分工形成和发展的关键所在。盛科荣等（2020）将中国上市公司500强企业网络进行功能区块划分，实证分析后认为，市场潜力、关键资源、区位条件及营商环境是影响城市群产业功能分工的重要因素。

第二，城市群产业分工的演化进程。城市群产业分工的演化进程是指城市群内部不同城市在产业结构上的变迁和发展历程，包括新兴产业的崛起、经济周期的波动、市场需求的变化等。魏后凯（2007）提出，分工的演变大致分为产业间分工、产业内分工和产业链分工三个阶段。产业间分工是由于要素资源禀赋差异引致城市间形成比较优势进而导致不同产业的空间分离。产业内分工将研究视角转向产品方面，是由于消费者偏好和产品差别等形成的同产业不同产品的空间分离。产业链分工体系下，产品和服务突破地域的限制，按照资源禀赋、比较优势和技术差异等因素将产业链不同环节匹配到具备承接能力的区域，各区域在产业链上形成分工。高嘉宇（2015）结合信息技术、空间制约、政策驱动等因素，从产业分工和区域经济两个方面，探讨了北京—天津城市群的产业分工演化进程，并分析了不同阶段的市场情况及市场规模，展示了城市群内部城市的经济增长。王瑞贤（2016）以长三角城市群为研究对象，结合经济发展、政策环境、区域竞争等因素，分析了城市群产业分工的演化进程及其战略选择，探讨了城市群经济发展与产业分工之间的关系。曹俊涛（2017）综合运用产业链理论、跨国公司理论、模式识别技术，探讨了城市群产业分工的模式与演化过程，并从基础设施建设、产业链协同、技术服务体系等方面提出了城市群产业分工的应对对策。任振生（2018）以京津冀都市圈为研究对象，探讨了城市群产业分工演化的时空特征和路径选择，研究了生产要素流动和集成利用、产业发展和创新系统等内容，并形成多因素综合的决策模型。周序根（2019）基于中国城市群的发展历程，从产业格局、节点城市和市场需求等方面，分析了城市群产业分工的演化及其驱动力，揭示了城市群形成和发展的内在机制和演变规律。

第三，城市群产业分工的水平。国内学者主要的工作集中在城市群产业分工体系和产业集聚水平的测度上。赵勇和白永秀（2012）利用空间功能分工指数对中国城市群的功能分工水平进行测量比较，发现中国城市群的功能分工水平相对较低，同时区域城市群之间的功能分工水平差异明显。梁红艳（2018）运用核密度估计和 Dagum 基尼系数研究了中国八大城市群生产性服务业的空间分布和演化方式，并对区域差异进行了比较。魏海涛等（2020）运用 DO 指数衡量了中国长三角城市群三位数产业的集聚程度，发现 15.9% 的产业表现为集聚，而 9.3% 的产业表现为空间分散。谭锐（2020）对比分析了粤港澳大湾区和旧金山湾区的城市分工形成机制和水平差异，发现粤港澳大湾区在制造业分工水平方面明显低于旧金山湾区。

（二）城市群产业链功能分工的相关研究

随着城市的快速发展和人口增长，市场需求也在不断扩大和多样化。不同城市群的经济发展水平和产业结构存在差异，因此，在满足不同市场需求的同时，进行产业链功能分工可以更好地促进资源的合理配置和优化经济效益，并且通过城市群产业链功能分工，可以促进不同城市之间的协同效应和合作关系的形成。不同城市之间的企业、科研机构、政府部门等可以通过产业链的连接和合作,实现资源共享、技术创新和市场拓展,提高整个城市群产业链的效益。相关的研究主要集中在以下两个方面。

1. 城市群产业分工时空特征的相关研究

产业空间分布最显著的特征是集聚(Krugman,1991),这一社会经济现象长期吸引着学者们的关注。随着产业数据的日渐丰富与空间计量方法的逐步完善,学者对产业空间重构的研究更为深入,藤田(Fujita,1997)通过对20世纪80年代东京经济圈产业分工演变的研究发现,生产性服务业及大多数企业总部仍聚集在中心城市东京,制造业则不断向外围的太平洋区域进行转移,呈现出中心城市以管理、设计、研发等功能为主,外围城市以制造业为主的空间功能分工格局。科尔科(Kolko,1999)的研究发现,随着时间的推移,商业性服务业越来越多地集中在大城市,制造业则更多地集中在小城市。拜德等(Bade et al.,2003)通过对1997~2002年德国的相关数据进行分析,发现大城市在管理活动中的职能专业化不断提升,小城市在生产活动中的职能专业化不断提升。此外,迪朗东和普加(Duranton & Puga,2005)利用美国各类城市的部门专业化程度进行分析比较,指出美国自1970年以来,生产部门和服务管理部门分别呈现出向周边中小城市和中心大城市转移靠拢的趋势,明确指出城市结构发生了由产业分工向功能分工的转变。

相应的,国内学者也把研究视角转向了城市群分工。张若雪(2009)在对长三角城市群的研究中发现,其产品分工的专业化程度在逐步下降,且中心城市存在由产品分工向功能分工转变的迹象。齐讴歌和赵勇（2014）运用功能分工指数对城市群功能分工进行了测度，并对各区域时序演化差异进行了探讨，研究结果显示，城市群功能分工存在明显的地域差异，东部地区城市群功能分工程度远远高于东北地区和中西部地区。罗奎等（2020）从全球价值链视角出发，采用经校正的产业比重变动方法对京津冀城市群产业空间重构进行了解析，研究发现京津冀城市群的内"C"形地区应侧重产业升级，外"C"形地区则重点关注生态环境保护与产业转型，双"C"联动，才能保障京津冀协同发展战略的顺利实现。陈露等（2020）分别基于产业共聚指数（industrial coagglomeration index）探讨了中美城市群的产业共聚水平及演化路径。结果发现，经济相对落后的城市群表现出明显的产业共聚特征，同时技术密集型产业在上述城市群内部偏向共聚。刘汉初等（2020）基于区县层面的制造业企业汇总数据，刻画珠三角城市群制造业集疏及其产业空间格局变动，研究发现空间集聚程度最高的是技术密集型产业，其次是资本密集型产业，最低的是劳动密集型产业。另外，区位与交通条件、经济技术水平、制度与政策等对不同类型产业的作用强度和方向也存在显著差异，这些因素将共同推动珠三角城市群产业转型与制造业空间重构。王运喆等（2023）对"十四五"规划纲要中提及的城市群2006～2018年产业协同集聚水平的时空特征进行分析，发现中国城市群中，第二三产业协同集聚的空间格局相对稳定。高水平的城市群产业协同集聚仍主要集中在西部地区和沿海地区，而中部地区的产业协同集聚水平相对较低。

2. 产业集聚促进城市群高质量发展的相关研究

经济活动的空间聚集往往通过共享中间投入品、劳动力和知识溢出而形成本地市场效应（home market effect）来推动形成产业集聚。城市群经济的发展与产业集聚密不可分，产业集聚促使资源要素在空间上聚集，形成地域分工，使得产业链分布在不同城市。这种"中心—外围"的空间结构扩大了中心城市的影响范围，同时激发了价格指数效应和本地市场效应，推动了城市群经济的发展，现有文献针对产业聚集对城市群高质量的正向效益研究主要集中在产业集聚提升城市群发展质量的作用机制方面。产业集聚与发展质量提升有着密切关联。研究指出，产业集聚对城市群发展质量提升的作用机制主要包括节约交易费用、强化企业技术创新、空间外溢效应、生态环境保护、推进城镇化等方面，主要文献从以下两方面展开研究。

（1）产业聚集通过技术创新提升城市群发展质量。雅各布斯等（Jacobs et al.，2012）认为城市化地区的经济中，知识密集型服务与跨国公司存在共同集聚的关系，现代服务业与先进制造业的协同定位和协同集聚发展是推动产业集聚向产业集群转变的内部驱动力。王静田等（2020）通过对长三角城市群27个城市的面板数据进行实证研究，发现考虑了影响机制和行业异质性条件后，产业协同集聚对城市的全要素生产率具有正向促进作用。孟卫军等（2021）的研究发现，产业协同集聚通过提升绿色全要素生产率来提高城市群经济发展质量，并指出中心城市和外围城市以及行业异质性是影响绿色全要素生产率提升的关键因素。陈广汉和任晓丽（2021）认为生产性服务业的集聚在城市群的经济增长中起关键作用，通过促进中心城市的经济增长和提高经济效率来提升城市群的发展水平。刘新智等（2022）的研究表明，产业集聚通过技术创新的中介效应能够显著提高城市群的经济发展质量。

（2）产业集聚通过空间外溢提升城市群发展质量。产业集聚需要空间载体，要素资源的集聚会带来空间结构形态的改变。同时，决定这种空间结构形态变化的重要载体是城市。产业集聚的空间示范效应和空间协作效应促进城市产业空间结构优化、培育发展本地市场与扩大市场规模。余奕杉（2020）的研究表明，城市群产业集聚不仅提升本地经济发展质量，还对毗邻城市群具有外溢效应，进而促进整个城市群的经济发展。高小和郭晗（2021）研究了中心城市与外围之间的关系以及中心城市与城市群经济的关系，发现产业外溢和劳动力流动对于城市群的平衡发展具有积极影响。张振等（2021）的研究表明，城市群产业集聚的发展不仅增强了区域经济的韧性，还产生明显的空间外溢效应，这是城市空间结构和相关异质产业集聚共同支撑促进发展的结果。

（三）城市群产业链现代化的相关研究

近年来，中国在全球产业链和供应链体系中扮演着重要角色，且具备了较强的不可替代性。然而，在一些关键领域的核心环节，中国仍受制于一些发达国家，面临着国内区域市场、要素和环节分割带来的高制度性交易成本的挑战。城市群作为中国经济发展的重要空间组织形态，需要在这一过程中发挥关键作用（范晓敏，2020）。关于城市群产业链现代化的相关研究主要集中在以下两个方面。

1. 城市群建设与产业链现代化水平提升的关系

城市群建设与产业链现代化水平提升的关系主要从三方面进行阐述：一是在关键领域自主创新上，王国红等（2010）认为城市群内的科研院所、高校和高技术企业等创新主体之间形成的知识交流、学习和溢出网络为解决技术难题提供了广阔的知识平台，有助于形成具备较大正外部性的区域创新战略联盟，进而推动路径突破式创新（Balland & Rigby，2017）。陈建军等（2018）认为城市群内部集研发、中试、制造与服务等于一体的知识链能够为"卡脖子"技术攻关提供全面支持，这种螺旋式支撑能够促进产业链、供应链和创新链的良性互动，进而提升城市群的创新能力，实现不同类型城市的协调发展。二是在区域分工协同上，迪朗东和普加（2005）提出了产业多样化与专业化的理念，认为城市群中的城市和园区在产业功能分工协同方面发挥重要作用，是实现空间均衡的基础条件。在纵向产业分工方面，城市和园区作为主要的产业承接平台，其具有特色的要素环境、资源禀赋和产业生态，为产业链和供应链的不同环节提供多元化、更适合的区位选择。这也有助于城市群内部的产业协作网络密集化和产业布局优化，有效缓解产业竞争的同质化问题（魏后凯，2013），促进城市群内部形成良性的"产业—空间"循环。三是在运行安全可控上，刘志彪（2021）认为城市群内部的复合、有序产业分工和产业集群网络有助于在区域尺度上形成产业链和供应链的自我循环。通过建立多条产业回路，形成必要的产业备份系统，可以确保产业链和供应链在面对外部冲击时持续稳定运行，同时也是产业链和供应链进行内部结构重组的内在动力。区域创新体系是产业链供应链适应韧性形成的关键（Martin & Sunley，2012；Rocchetta et al.，2021），而城市群则是区域创新体系构建的核心平台。

2. 城市群产业链现代化的政策取向

作为经济发展的重要助力和节能减排的关键因素，政府对经济与环境的干预得到了很多关注（Pang & Shaw，2011；Chu & Lai，2014），主要集中于区域间政策调和经济发展与环境质量矛盾的绩效（Ellison，2010；王伟，2022）、地方政府间政策促进绿色发展绩效争议的成因（Aghion et al.，2015；杨继东和罗路宝，2018）、中央与地方政府在推动经济向低碳化发展时所选择的不同路径及其影响差异（Blonigen，2013；张莉等，2017）等问题。中央和地方政府的产业规划，对低碳经济的发展有重要影响（余壮雄等，2022）。我国在推动产业政策转型创新的同时，需要更加关注实施产业链政策，增强产业政策制订的"链式思维"和系统思维（盛朝迅，2022）。

二、数字经济对中国城市群产业链现代化的影响研究

（一）数字经济促进产业链现代化发展的三个方面

数字经济作为经济发展提质增效的新动能，主要通过以下 3 个方面促进产业链现代化发展：①数字经济发展将推动传统产业数字化转型。强化数字化技术将加快传统生产要素改造、整合和提升，优化要素配置效率。生产方式的变革使传统企业提高了运营效率和服务可用性（Laudien et al.，2019）；传统生产过程的有效优化大大提高了生产效率（刘洋、陈晓东，2021）。②数字经济的发展不断提高劳动生产率高的第三产业比重，数字技术的创新应用创造了更高水平的创新产出转化率，从而带动数字经济的发展，服务型经济和服务业有望改善（李志国等，2021）。③数字经济的发展将直接影响人力资本、技术等渠道，促进多种创新任务汇聚融合，形成创新集群，从而提高资源优化配置效率，促进产业链复杂化（张昕微蔚，2019）。同时，数字技术的发展将提高市场信息的对称性和要素资源的合理配置，增强各产业之间的凝聚力，从而促进产业间协调的不断优化（左鹏飞等，2020）。

（二）关于数字经济对产业链现代化的影响研究

根据现有文献，大数据、云计算、区块链等数字技术不仅提高了传统产业的效率，而且引起多个产业的互动融合，带来了新的产业变革。

这些研究大多是理论分析，从技术创新、互联网、人工智能等方面探讨数字经济对产业链现代化的影响以及两者之间的关系。例如，郭凯明（2019）认为人工智能是战略性技术，将引领新一轮科技革命和产业变革，具有对劳动力和资本部分替代的潜力，加速生产要素在产业部门之间流动，促进工业产业发展。黄群慧等（2019）重点研究了互联网发展对制造业生产效率的影响，指出城市地区互联网的发展可以通过资源错配的减少以及交易成本的降低来提升企业的生产效率。宫汝凯和李洪亚（2016）认为，这些新的影响因素与产业链的合理化具有很大的互补效应，并指出它正在发挥着对创新的促进作用以及积极推动作用。

（三）关于数字经济与产业链之间关系的研究

数字经济与产业链的关系一直是学者们感兴趣的问题，早期的研究大多是从数字产业化或产业数字化方面来进行研究的。随着两者的融合和发展，有关数字经济的文献也不断丰富。两者之间的关系逐渐从数字产业化和产业数字化两个方面进行全面研究。从单一研究的角度来看，一方面，数字产业化通过发展促进产业链的升级。许和李（Heo & Lee）指出，信息通信产业与其他产业之间的联动效应、溢出效应以及扩散效应促进产业链升级。根据投入产出法测算结果，信息通信产业具有较高的敏感性和动力，已成为国民经济的主导产业，在产业链优化中发挥着重要作用。但是，信息通信产业对产业链推动的成熟度效应与经济发展程度呈现出同向变化的关系。郭美晨的研究证明，当前信息通信产业对我国产业链升级的推动作用还比较有限。另一方面，通过常规产业技术的复杂化和高效化，促进产业链的成熟。李成柱（Sungjoo Lee，2009）认为信息化是产业结构转化和升级的催化剂，信息技术可以推动制造业向高新技术产业转型和精细化，知识技术密集型产业将逐渐成为主导产业，并最终实现产业链高级化。根据价值层面的研究，产业数字化不仅提高了商品使用价值的效率，也提高了工业生产的效率，最终使产业链转型升级。从综合研究的角度看，数字经济已从劳动密集型、重工业为主的产业结构，向高科技含量高、环境友好型经济发展，是推动经济社会发展的新动能，是我国产业结构迈向中高端的重要推动力。与农业、服务业相比，制造业是数字经济的主战场，数字经济可以解决制造业转型升级的"痛点"，帮助中小企业运营，并最终摆脱"低端锁定"困境。基于熵值法的实证研究发现，数字经济创新研究的正外部性和传播性能够极大促进传统制造业向智能化、技术密集型方向转型升级。

三、绿色金融对中国城市群产业链现代化的影响研究

在建设生态文明、美丽中国的背景下，建设节能环保"双向"社会、发展"双向"产业是经济社会发展的必然方向。"双向"产业具有节约资源和环境友好的双重目标，有社会责任感，有相对较低的利润率，因此，离不开金融业特别是绿色金融的大力支持。企业投资导向被绿色金融所影响，为绿色产业发展提供相应的金融支持，促进传统产业生态化和新型绿色生态产业发展（胡梅梅等，2014）。

在我国经济发展进入新时代、大力倡导供给侧结构性改革的背景下，绿色金融发展与产业链协同研究对于加快生态文明体制改革、打造"美丽中国"具有重要的现实意义（龙云安和陈国庆，2018）。许多学者的研究表明，金融发展对改变资源配置和经济结构具有催化作用，使金融发展日益趋向于绿色化以及环境友好型（Hellmann et al.，1998；Fisman & Love，2002）。有学者从金融发展的角度分析金融对低碳产业发展的影响，如欣鲍姆等（Sheinbaum et al.，2011）、李金栋（2019）

认为金融发展水平、经济结构、能源结构、贸易开放等因素的变化会实现产业链优化。郭福春和潘锡泉等（2011）研究1995～2010年浙江经济结构是否实现了转型升级，对金融信贷等因素对浙江碳排放量的影响机制进行了进一步研究分析。结论表明，银行信贷服务能够有效减少浙江省的碳排放，对浙江省低碳经济的发展起到强有力的促进作用。有学者认为，绿色金融不仅通过绿色信贷、绿色债券等方式支持产业结构优化调整，也体现了环境保护和可持续发展理念，相信金融行业会带来新的利润增长点，如帕伦西亚等（Palencia et al.，2013）。也有人指出，构建绿色金融发展体系将有利于产业链的推进、能源结构的优化、技术创新的促进，利用绿色金融的资金配置等功能引导产业链优化升级是可行的，如李苗苗等（2015）、严成樑等（2016）、赵大建（2014）、孙文娜和徐丹（2016）认为，绿色金融的本质是按照市场规律，通过金融工具促进经济的节能减排和绿色转型。杜莉和武俊松（2016）认为碳金融已经构建了主导性的金融机制，我国需要利用碳金融体系的结构来构建完善的碳金融交易平台，建立健全碳金融市场法律体系，促进低碳技术发展和低碳产业崛起，促进产业链优化升级。产业链转型升级作为经济可持续性增长的内在要求，无论是在理论层面还是经验逻辑层面，都要依靠绿色金融来促进发展。学术界关于绿色金融对产业链现代化影响的研究主要有定性研究和定量研究两种。

定性研究主要从不同维度出发，围绕绿色金融在促进区域经济中的作用机制进行阐述。从产业结构出发，马骏（2015）指出，通过改变不同类型融资的成本和可得性，可以有效地将社会资本从高污染、高能耗的重工业转移到环保、低污染的服务业，从而有效地缓解中国产业结构中的过剩问题。通过改革和创新，中国产业结构将得到有效改善，从而有助于缓解超重问题，促进区域经济的可持续发展和可持续增长。从产业融合出发，李晓西（2015）认为产业融合可以促进资本在不同地区间的流动和重组，从而改变资源的空间分布和区域资源禀赋，推动绿色产业的整合，打破行业、地区和国别的限制，实现资源的有效配置，从而实现更大范围的经济发展。通过改进市场体系，提升绿色产业的竞争力，实现更加一体化和高效的发展。从技术进步角度出发，葛鹏飞（2018）通过"一带一路"的跨国面板数据，以技术进步为基础，以金融结构、规模、深化和效率等指标来衡量金融发展，探讨了金融发展如何影响绿色总要素生产力，他还将创新划分为核心创新和应用创新，并认为金融发展有助于减少技术创新的风险损失，促使企业更多地投入先进生产技术的研究与开发（R&D）中，从而最终以清洁技术取代落后的能源密集型和污染型生产流程，促进全要素生产率的可持续增长。从企业绩效出发，中国工商银行绿色金融课题组（2017）认为由于 ESG 绿色记分卡的普及，企业绩效目标不仅是实现利润目标和增加股东价值，而且是企业能否在不影响经济和社会可持续发展的前提下，使其经营与社会和环境保持一致，从而实现企业发展，并履行其社会责任。从产业政策出发，王凤荣（2018）认为中国的绿色融资遵循自上而下的发展路径，基本上是政府主导的强制性制度变革，为促进经济的绿色转型，应当将绿色金融发展与我国绿色转型的大背景以及政府主导的现实紧密结合起来，加强法治建设和监管措施，突出绿色发展的导向，优化绿色金融的配置效率，并建立有力的协同激励机制，以促进绿色发展。

定量研究则主要分为以下几类：一是运用计量经济模型研究绿色金融对产业结构升级的影响效应，钱水土（2019）选择 2004～2017 年的跨县域面板数据进行回归分析，并在区域面板和逐步面板实证研究中使用灰色关联模型，得出结论：绿色金融在一定程度上促进了产业结构的优化，但影响有限。李毓（2020）通过使用带有虚拟变量的固定效应模型，研究了绿色信贷政策在推动中国产业结构升级方面的作用，发现这些政策在推动中国东部和南部地区的发展方面都发挥了积极的作用。按地区回归，发现绿色信贷政策对东部、中西部地区的产业升级都有正向影响；按部门回归，发现绿色信贷政策推动机制积极地促进第二产业的结构优化升级，但对第三产业的发展有消极的阻碍作用。二是将绿色金融与全要素生产率的贡献相结合。尹子擘等（2021）利用中国31个省份的面板数据，应用面板回归方法分析了中国绿色融资发展水平对绿色全要素生产率的影响，发现绿色融资可以通过环境升级的效应促进经济高质量发展，同时环境升级具有区域差异，中部地区较强，东部地区较弱，且在不同阶段呈现出不同的效果。三是研究绿色金融对区域产业升级的空间溢出效应。朱向东（2021）采用基于2015～2018年中国335个地级市数据的面板模型，区分绿色金融对污染行业的技术影响，探讨其与环境监管和研发投入的互动关系，同时区分不同类型的行业，阐释绿色金融技术影响的空间变化。

四、产业政策对中国城市群产业链现代化的影响研究

（一）产业链现代化政策与产业链升级

合理有效的产业政策促进产业结构优化，与此相反，产业政策制定和实施不当则会造成过度的产业保护，阻碍市场的竞争，使优化产业链的速度放缓（何德旭，2008）。优化产业链不仅需要市场的自发调整，还需要政府发挥作用，顺势而为，引导产业链的调整（Hunt，2004）。有效的产业政策，合理干预、支持、引导产业发展，是产业链合理化和高度化的关键因素。产业链现代化政策是指国家政权机关、政党组织和

其他社会政治集团等为了调控产业链发展的方向，使之在规定的一段历史时间内达到预期的奋斗目标等所采取的一般步骤和具体措施。从概念界定及政策作用看出，产业链现代化政策属于产业政策。

一方面，产业链合理化的本质是产业间协调能力和资源配置效率的动态提高，表现为产业间生产要素的优化配置，促进经济生产率的不断提高（干春晖，2011）。按照库兹涅茨的经济增长理论，在达到刘易斯拐点之前，生产要素从农业向工业和服务业转移的过程涉及从生产率较低的部门向生产率较高的部门的转变以及要素的优化配置，具有帕累托改进的性质（蔡昉，2022），这一过程不仅有利于跨行业的生产率提升，还可以提高整个经济的生产率，可以促进产业链的合理化（蔡昉，2021）。因此，合理规划产业链资源支撑，促进产业链合理化具有重要意义。对此，产业链现代化政策将通过政府补贴、信贷支持、技术人力资源等渠道，加速企业获取合理的转型资源，为产业结构合理化提供技术和资金，并提供充足的生产要素作为人力资源。具体来说，一是随着产业链现代化政策的出台，各地政府将强力推动本地优势产业高质量发展，相关企业将克服产业链"僵局"问题。为鼓励实施此类项目的企业，政府将出台一定的规定并给予政府补贴，发挥财政资金的"杠杆作用"（樊轶侠，2020），在政府补贴支持下，此类企业将拥有更强的资金周转能力和抗资本实力以及风险承受能力。二是外部环境严峻，企业无法承受产业整合的高成本，产业结构难以合理化。随着产业链现代化政策不断出台，地方政府将提供资金支持，促进各产业融合、协调发展，从而助力产业链畅通转型。三是对于产业链的转型和完善来说，吸引产业专业化相关领域具有技术应用和研发能力的技术人才也很重要。随着产业链现代化政策的实施，人力资本的扩张丰富了先进人力资本的供给，减少了先进人力资本的需求约束（毛其淋，2019），提高了人力资本配置效率，跨行业人力资本投入产出的高度合理性有助于产业链的合理化。

另一方面，产业链高级化的本质是产业链从低水平向高水平的动态发展，鼓励企业走技术资本密集型道路，进而推动技术水平不断提高（林毅夫，2020）。适当的产业政策有助于引导产业技术创新方向，提高产业创新效率（Peters et al.，2012）。为了实现产业技术创新以及产业技术升级，首先要打破产业技术升级的资本约束，其次要减少外部潜在风险和不确定性，从而增加产业技术现代化升级的概率（Peters，2012）。事实上，在产业政策调整机制下，政府部门在很大程度上可以通过以下操作手段来承担技术研发和应用过程中的市场挑战：基础设施建设、大型科技创新研究计划、财政补贴和信贷支持，引导各方集中力量研发新技术，充分发挥技术研发的规模经济和集聚效应，推动产业技术创新，发展面向未来的主导产业和新兴技术产业，促进区域产业链发展（韩永辉，2017）。

（二）产业链现代化政策对产业链升级的可能影响

近年来，就产业链升级水平而言，在各省份经济发展持续向好态势下，产业链升级发展水平呈现稳步上升态势（踪锋，2023）。围绕中国产业链转型升级，学者们作了许多研究，主要集中于两方面：产业链转型升级水平的测算（谭晶荣，2012；黄天能，2021）；影响产业链转型升级的具体因素（沈敏杰和赵明涛，2020；殷李松，2019）。

然而，鲜有文献从产业链现代化政策的视角来探索其对产业链转型升级的可能影响。2019 年 8 月，习近平总书记在中央财经委员会第五次会议中指出要以夯实产业基础能力为根本，打好产业基础高级化和产业链现代化的攻坚战（林晶，2023）。中国加快推进产业链现代化建设，以此带动经济社会高质量发展。为贯彻落实中央战略决策，地方政府相继出台了一系列产业链现代化政策，这也将对产业链转型升级产生影响。一方面，产业链现代化政策可能会促进产业链转型升级。政府为引导促进相关产业发展而制订的产业政策，能够显著提高被扶持行业或企业的银行支持和政府补助力度（Musacchio，2015；韩永辉，2017），进而加速产业链转型升级的进程。另一方面，产业链现代化政策也可能不利于产业链转型升级。产业政策制定或实施不当则会形成对某一产业的过度保护，阻碍市场竞争，进而减缓产业链优化（何德旭，2008）。

第三节 "三化"赋能产业链
现代化的理论机理

当前以数字化、信息化、网络化为特征的新一轮科技革命方兴未艾，蓬勃发展的数字经济对产业发展模式、路径带来了深刻的影响，党的二十大报告指出，建设现代化产业体系要加快发展数字经济，促进数字经济和实体经济深度融合。本书从数字产业化、产业数字化和数字基础设施三个维度对地级市层面的数字经济发展水平进行测度，分析数字经济数智化程度，探讨数字经济对产业链的创新能力、安全韧性和绿色低碳的作用机制，并进行实证检验（详见第四章）。

绿色金融通过使社会资源配置向绿色、循环和低碳领域倾斜，解决融资问题，支持绿色技术创新。绿色金融是连接绿色发展的桥梁，直接作用对象是企业，企业的联结则构成产业链，因此产业链现代化离不开绿色金融的赋能。本书中将以人均 GDP 为代表的经济发展水平、人力资本水平、城镇化水平、政府行为、研发创新投入、金融发展水平、外商直接投资作为其他控制变量予以考虑，分析绿色金融合理化程度，探讨绿色金融对产业链的创新性、协同性、创新能力以及可持续性的作用机制，并进行实证检验（详见第五章）。

推进产业链现代化，也离不开政府的产业政策措施。党的二十大报告提出，充分发挥市场在资源配置中的决定性作用，更好发挥政府作用。本书中选取地方规范性文件数量和地方工作文件数量作为核心解释变量，分析产业政策高级化程度，探讨产业政策对产业链的高级化以及区域异质性的作用机制，并进行实证检验（详见第六章）。

一、数字经济赋能产业链现代化的理论机理

数字经济是紧跟农业经济、工业经济之后的一种重要经济形态。数字经济的关键要素是数据资源，重要载体是现代化网络。数字经济通过信息通信技术的融合应用和全要素的数字化转型来推动发展，使公平和效率更加统一。当前，以数字化、信息化和网络化为特点的新一轮科技革命正在全面推进。探讨如何推动产业链的现代化水平提升时，必然需要认识到数字经济蓬勃发展这一基本事实的重要性。然而，数字经济不仅仅是技术范式的改变。当前，数据也被视为一种新型生产要素和驱动力，对经济社会发展模式和经济形态产生着重大的变革。数字经济能够加快产业链的数字化转型，提高产业链的韧性，同时也能够突破空间和时间的限制，促进资源高效配置，通过赋能产业链的畅通来提升产业链的现代化水平。下面从数字经济对产业链的创新能力、安全韧性和绿色低碳影响三个方面，具体分析数字经济对产业链现代化的影响机理（见图 2-1）。

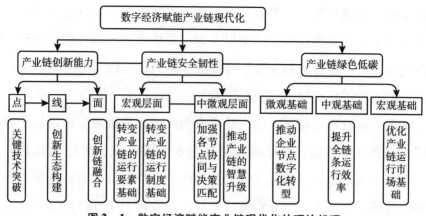

图 2 -1　数字经济赋能产业链现代化的理论机理

（一）数字经济提升产业链创新能力

创新是高质量发展的根本驱动力，创新能力更强是产业链现代化的基本内涵之一。数字经济通过改变创新要素的重组方式，一定范围内降低创新所需的交易成本和契约成本，尽可能缩小认知差异，努力提高产业创新能力，从而实现高质量发展目标。产业链现代化往往会经历由规模扩张向创新领先转型，转型之路必须实现产业链从关键技术突破→创新生态构建→创新链融合的"点线面"创新模式变革。从"点"上看，关键核心技术是产业链硬实力的坚实体现，也是产业链现代化水平提升的突出难点。数字经济推动产业链关键核心技术突破，重点在于组织方式创新、创新要素与资源的系统整合、基础支持条件的量级提升；关键在于利用网络化平台的链接与聚合作用，更有效地组织科研协作，聚合科研要素与资源。从"线"上看，产业链上各主体间的创新协同是提升产业链全链条创新能力的保障。当前我国产业链面临着主体间创新协同度低、创新生态系统不完整的问题。数字经济可以充分发挥平台与网络效应，积极推动产业互联网的建设与应用，改变单个企业自主分散创新决策的局面，从而围绕产业互联网络构建一体化的生态体系，推动产业链创新生态体系加快形成。从"面"上看，产业链创新能力的系统性提升，还要依赖于产业链与创新链的融合。当前，产业链与创新链之间存在不良的自我循环，"双链"融合制度框架尚未建立。数字经济可以通过减少因信息不对称和价格信息失真导致的市场失灵，助推创新链的创新供给与产业链的创新需求精准匹配；通过互联网平台与数字技术工具，加速技术要素在产业链与创新链间的流动，推动产业链与创新链深度融合。

（二）数字经济提升产业链安全韧性

安全可控是产业链现代化的基础性特征，特别是在逆全球化思潮及贸易保护主义抬头、产业链"去中国化"意图明显的背景下，保障产业链安全可控更是成为产业链现代化必须面对的课题。数字经济在提升产业链安全韧性方面发挥着重要作用，其影响产业链韧性和安全性的核心机制在于充分激发数据要素价值，从微观和宏观层面上转变产业链运行的要素与制度基础，推进企业运营模式的深度变革，扭转产业链韧性与安全困境。数字经济可为增强产业链韧性提供数据支撑、技术支撑和设施支撑。数字经济在加速推进产业链体系数字化、智能化、模块化的同时，使数字基础设施和虚拟产业集群空间布局不用受传统空间因素制约，从而大大摆脱对自然条件、传统基础设施的依赖性。事实上，除了这种国际政治经济博弈导致的风险外，产业链所具备的复杂网络特征就容易使其自身呈现不稳定性。从中观和微观层面来看，产业链规模越是庞大，链条越是冗长，当遭遇偶发性风险冲击时，越是有可能通过网络结构而被振荡放大。一方面，数字经济能通过加强产业链上各节点的协同与决策匹配，提高产业链风险缓冲能力，提升产业链韧性和安全水平；另一方面，数字经济能推动产业链的智慧升级，改变各节点"信息孤岛"、独立决策、反馈时滞等问题，实现产业链数字化、智能化，从而提高产业链的决策协同。

（三）数字经济推动产业链绿色低碳

从人类命运共同体角度出发，绿色低碳既是未来产业链的发展方向，也是决定全球产业链竞争新格局的关键因素。绿色低碳发展的关键在于促进产业链能源利用效率和能源结构优化，这需要从微观的企业节点，到中观的全产业链条，再到宏观的产业链运行的市场基础三个层面全面推进。从以上三个层面深入分析，产业链绿色低碳发展的微观基础要求就是加快推进企业节点的数字化转型。数字化转型的核心是人才、技术和文化，是企业从原料投入、生产加工到终端销售，借助人工智能、大数据、云计算等数字技术，实现全流程数字化、信息化和网络化。一方面利用物联网技术进行实时监控，有效改进并优化管理流程，提高全要素使用效率；另一方面通过数字孪生和数字虚拟仿真等技术，使研发实验可以在数字空间中完成，节省大量的资金和能源投入，从而共同促进企业的绿色低碳发展。产业链绿色低碳发展的中观基础是加快提升全链条的运行效率。提高产业链上各主体间的协同性，全面提升全链条的运行效率需要以系统思维推进产业链能效提升和能源结构优化。坚持系统观念，强化链式思维的重点在于加快产业互联网和智慧供应链等数字平台与生态体系建设，最大程度地降低能源消耗。产业链绿色低碳发展的宏观基础在于推进优化产业链运行的市场基础。充分发挥市场机制对能源要素配置的决定作用，是解决因长期市场分割和价格扭曲问题导致的能源资源错配现象的法宝，也是产业链绿色低碳发展的必然要求。在信息时代，数字经济不仅能促进信息、劳动和资本要素的跨空间流动，而且能依靠数字经济天然的网络效应和规模效应来推动建设统一大市场、消除市场分割，进而促进产业链能源资源利用效率的大幅提升。

二、绿色金融赋能产业链现代化的理论机理

绿色金融是一种政府与市场相结合、传统金融与现代绿色发展理念相兼容的有效融资机制，能有效助力区域产业链现代化发展。从宏观层面看，绿色金融利用政策引导，发挥投资导向作用，抑制高污低效行业，促进绿色高科技行业，推动产业转型升级，提升产业链高端化和可持续性；从中观层面看，绿色金融通过资金集聚和风险管理推动跨区域资源配置过程，促进先进制造业和现代服务业融合，不断优化跨产业的协同集聚布局，提升产业链协同性；从微观层面看，绿色金融降低信息交易成本，为企业技术创新提供多渠道融资支持，将经济效益与环境效益相结合，有效提升产业链绿色创新能力。下面将从区域产业链现代化四大维度出发，具体分析绿色金融对区域产业链现代化的影响机理（见图2-2）。

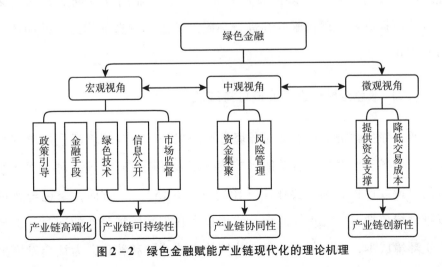

图2-2 绿色金融赋能产业链现代化的理论机理

（一）绿色金融提升产业链高端化

实现产业链高端化是指在价值增值以及价值创造层面占据中高端，绿色金融对产业链高端化的促进作用主要体现在资本层面。通过对市场资金的有效配置，绿色金融不仅可以抑制高污染和低效率行业的发展，还能够促进绿色和高技术行业的发展，从而倒逼产业的转型升级。具体表现为两个方面：一是宏观政策角度，地方政府根据地区生产总值及"双碳"发展目标，采取减税降费等措施，鼓励节能环保和高技术行业的发展；另外，清洁发展机制（clean development mechanism，CDM）项目资金也会重点关注污染行业的改造和清洁技术研发项目，进而有效促进工业技术创新，为本地区的工业转型和现代化作出贡献。二是金融市场角度，绿色信贷作为一种重要的绿色金融手段，能够针对性提高"两高一剩"行业的融资成本，提高污染行业融资门槛，并减少高污染行业的融资量，倒逼高污染、高排放、低效益行业进行技术革新，同时，借助绿色证券、碳金融等绿色金融工具的支持，也能够为可持续发展的工业和高科技公司带来更多的发展机遇，为新产业的发展创造有利的条件，从而提高相关现代服务和进行高附加值生产制造的能力，推动产业链高端化。

（二）绿色金融促进产业链可持续性

通过绿色融资工具加强对环境资源的保护，提高环境污染的治理水平，引导各省市对社会资源的可持续利用和发展进行管理，对实现产业链的可持续性将起到重要作用（李晓西，2015）。一方面，绿色金融可以推动绿色技术发挥正外部性。传统技术在带来经济利益的同时，也会产生环境成本，而绿色技术是对传统技术的改进和替代，为社会发展提供了一种新的可持续发展方式，这一模式带来的不仅是经济效益的增加，而且有效减少对环境的破坏，节约资源（严金强，2018）。采用绿色创新技术，可以有效减少企业资源能源的消耗，降低企业的生产成本，提升企业的市场竞争力，从而实现产业链与环境协调和谐发展。另一方面，绿色融资有助于环境信息的公开和对市场的监督。金融系统能够有效地评估和选择投资项目，并具有个人投资者无法实现的专业优势和规模经济效益。信息披露有助于投资者在作出投融资决策时充分考虑潜在的环境影响、环境风险和成本，在金融交易时注重保护生态环境，避免环境污染，从而优化资本配置。同时，环境信息公开可以促进有针对性的公共监管和社会监督，将事后惩罚转变为事前预防和事中监督，从而推动产业绿色转型升级，促进产业链可持续发展。

（三）绿色金融提升产业链协同性

绿色金融的市场化运作有利于区域间资源配置，通过促进先进制造业和现代服务业融合，不断优化跨部门的协同集聚布局，显著影响制造业全要素生产率。一方面，通过现代金融市场，可以有效地吸引和聚集优秀的绿色企业，满足其发展所需的资金，并且绿色投资可以帮助打破行业、地域和国家的壁垒限制，从而实现商品、劳动力、技术和金融资源的有效配置，使市场体系变得更加完善和高效，有助于推动各种资源流向绿色产业，促进绿色产业的规模经济效益，并增强绿色产业长期竞争力。另一方面，绿色金融具有风险管理功能。通过资本化过程和拓宽企业融资渠道，绿色金融可以为制造业的技术创新提供长期激励，分散风险，培养长期可持续的创新行为，从而推动具有直接上下游关系的生产性服务业和制造业之间建立长效合作关系，促使生产性服务业的知识资本和技术对制造业部门产生明显的外溢效应。

（四）绿色金融推动产业链创新性

提升产业链创新性主要在于提升企业的技术创新能力（孙智君，2023），而绿色金融服务将经济效益与环境效益相结合，弥补传统金融对高新技术企业"惜贷"的不足。一方面，从融资角度来看，绿色金融可以为绿色企业的技术发展提供资金支持。企业的技术发展，包括研发、创新、应用和推广等一系列流程，需要大量的资金投入，而传统的企业融资渠道是有限的。同时，新技术的开发具有不确定性，耗时长且风险大，导致资金缺乏。而绿色金融可以为绿色企业的技术发展提供资金支持，从而推动创新和技术发展。另一方面，从交易成本的角度来看，绿色金融体系可以有效地收集和处理绿色信息，降低经济主体之间的交易成本。政府主导的绿色金融体系具有明显的信息优势，可以披露污染企业的名单及其环境表现。同时，金融机构可以主动收集公司的信息，并根据绿色绩效要求或盈利需求，投资合适的绿色项目，这种收集信息的投资过程创造了规模经济，有效地降低了投资者寻找绿色项目的成本。绿色金融推动企业技术创新，促进企业转型升级，进而也会带动整个产业链创新性地提高。

三、产业政策赋能产业链现代化的理论机理

（一）产业政策与产业链高级化

产业链现代化与产业结构优化升级有着紧密联系，二者相互促进，产业结构的优化升级必定引起产业链现代化。产业链的现代化是国家经济高质量发展的重要体现。产业政策作为国家经济调控的重要工具，通

过引导和支持产业结构的调整和升级，能够有效推动产业链的现代化。下面将从政策导向、资源配置、技术创新、市场机制与产业合作四个方面探讨产业政策与产业链高级化的关系，理论机理如图2-3所示。

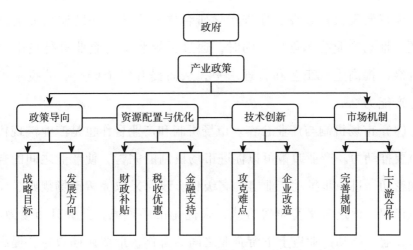

图2-3 产业政策赋能产业链现代化的理论机理

（1）政策导向。产业政策首先通过明确的导向和目标设定来推动产业链的现代化。在制订产业政策时，政府通常会根据国家经济发展的战略目标，设定产业发展的优先方向。通过制订具体的产业政策目标，政府可以引导资本、技术和人才向重点领域集中，促进传统产业的升级换代和新兴产业的发展壮大。

（2）资源配置与优化。产业政策通过优化资源配置来推动产业链的现代化。在现代经济体系中，资源的有效配置是产业链升级的关键。政府能够通过财政补贴、税收优惠、金融支持等手段，吸引投资和促进资源的合理流动。如对于战略性新兴产业，政府通过提供财政补贴和税收减免等措施，来降低企业的运营成本，鼓励企业加大研发投入和技术创新，从而能够有效地引导资源向高附加值、高技术含量的产业环节倾斜，进而推动整个产业链的现代化。

（3）技术创新。产业链的现代化离不开技术创新和能力提升，产业政策在这方面发挥着至关重要的作用。政府能够通过设立科技基金、支持研发机构建设、促进产学研合作等方式，共同攻克关键技术问题，推动产业技术创新。同时，通过引导和支持企业进行技术改造和升级，提高生产工艺和管理水平，从而提升整个产业链的技术水平和生产能力。

（4）市场机制与产业合作。市场机制和产业合作也是产业链现代化的重要推动力。产业政策可以促进市场机制的完善，使产业之间的合作更加密切，进一步推动产业链的高级化。政府采取完善市场规则、保护知识产权、促进公平竞争等方式，来优化市场环境，并提升市场效率。同时，通过推动产业链上下游企业之间的合作，形成协同效应，提高整体产业链的竞争力和协作能力。政府还可以鼓励企业参与国际合作，拓展国际市场，提升产业链的全球竞争力。

（二）产业链政策对产业链高级化的区域异质性

现阶段我国产业链现代化尚处于较低水平，整体上处于快速上升期，区域差异明显，东部地区部分省份已在产业链现代化中取得相对领先，中部、西部地区正在承接与消化东部地区的产业转移，产业高级化尚处于起步阶段（张虎，2022）。从省域视角而言，产业链现代化水平较高的省份各具优势，但也存在短板。产业链现代化水平较低的省份短板较为明显，但也各有优势。相较于中西部地区城市，东部地区城市产业集群基础更为扎实（郑玉，2017）。东部地方政府出台的产业链现代化政策数量也显著多于非东部地区，表明东部地区政府对产业链现代化问题更加重视,更容易带来产业链现代化。我国存在明显的区域差异性,不同地区在经济发展水平上存在着差异,产业链现代化、产业结构转型升级这类经济活动也如此(李滟,2023)。因此,不同地区的产业政策对产业链现代化的影响可能存在空间异质性。

第三章

中国城市群产业链现代化的
水平测度与分析

产业链现代化不仅要与当前世界科技发展水平和政治经济格局相匹配，还要与我国社会和经济发展的时代要求相适应。可以将产业链现代化界定为一个产业基础高级发展、科技创新引领前沿、链式结构完整协调、生态环境和谐适应、竞争优势全球领先和发展成果社会共享等多维度共同推进的现代化过程。而产业基础能力的提升，是实现产业链现代化的必要基础和决胜关键，要打好产业链现代化攻坚战，归根结底是要打好产业基础高级化之战。因此，本章通过构建产业基础能力和产业链现代化的综合评价指标体系，分别对中国城市群产业基础能力及产业链现代化进行水平测度，并对测度结果进行相应的分析。

第一节 中国城市群产业基础能力发展水平的测度与评价

一、指标构建

（一）构建原则

为了准确、有效地评估产业链现代化背景下中国城市群产业基础能力的综合水平，必须有一套科学的测量指标体系。衡量产业基础能力发展水平，需要考虑诸多维度来确定关键的有效信息，从而将中国城市群产业基础能力发展水平定量化。基于已有研究，本书中认为选择产业基础能力水平测度指标时要遵循以下原则。

一是科学性原则。在确定中国城市群产业基础能力综合评价的指标时，应当进行全面的科学评估，以确保其具备足够的可靠性和准确性，同时，还应当确保指标的结构完整性以及相互之间的逻辑关联性。

二是可操作原则。在选择指标时，应该充分考虑所需数据的可用性，如果无法获取相关数据，应该选择可靠的、可替代的权威指标。

三是全面性原则。在建立产业基础能力综合评价指标体系时，需要所有指标都具有相应的逻辑联结性，从而全方位体现出中国城市群产业基础能力的发展水平。

（二）构建依据及基本框架

本书构建了以实体经济增值力、自主创新推动力、交通基础设施联通力、生态环境承载力、公共服务承载力、贸易畅通度、市场开放度、产业结构协同度来表征的基于产业链现代化的产业基础能力的综合评价指标体系（见图3-1和表3-1）。

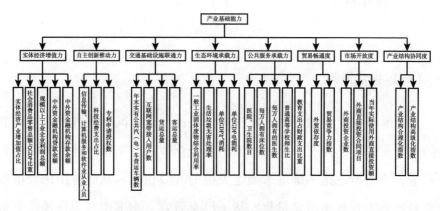

图3-1　产业基础能力综合评价指标体系

表3-1　　　基于产业链现代化的产业基础能力综合评价指标体系

目标层	准则层	准则层描述	指标层	属性
产业基础能力	实体经济增值力	实体经济增值力体现了一国实体经济的价值创造和获取能力，是我国经济发展的根基，是我国在国际经济中赢得主动权的基础保障（中共中央文献研究室，2017）。金融、互联网等服务于实体经济，构成实体经济发展的外部力量（黄群慧，2017）	实体经济产业增加值占比（%）	+
			社会消费品零售总额占GDP比重（%）	+
			规模以上工业企业利润总额（万元）	+
			中外资金融机构贷款余额（万元）	−
			中外资金融机构存款余额（万元）	+

续表

目标层	准则层	准则层描述	指标层	属性
产业基础能力	自主创新推动力	自主创新推动力是衡量产业发展质量水平的重要标志，只有构建先进的产业技术体系，才能有效促进产业基础技术、共性技术、关键技术研发（魏婕，2021）	信息传输、计算机服务和软件业从业人员（万人）	+
			科技经费支出占比（%）	+
			专利申请授权数（件）	+
	交通基础设施联通力	交通基础设施联通力能够反映一国或一个地区对外合作情况以及经济辐射效果（朱博恩等，2019），也是衡量一个国家现代化程度和综合实力的重要标志之一（张定等，2014）	年末实有公共汽（电）车营运车辆数（辆）	+
			互联网宽带接入用户数（万户）	+
			货运总量（万吨）	+
			客运总量（万人）	+
	生态环境承载力	生态环境承载力是产业绿色发展的重要依托，只有合理利用环境容量，转变资源需求结构，提高资源利用率，才能保障经济的绿色发展（李琳和楚紫穗，2015）	一般工业固体废物综合利用率（%）	+
			生活垃圾无害处理率（%）	+
			单位 GDP 电能耗（千瓦时/万元）	−
			单位 GDP 气消耗（立方米/万元）	−
	公共服务承载力	公共服务承载力是维持经济社会的稳定、基本的社会正义和凝聚力，保护个人的生存权和发展权，实现人的全面发展的基本社会条件（谭浩娟，2016）	医院、卫生院数目（个）	+
			每万人拥有床位数（张）	+
			每万人拥有的医生数（人）	+
			普通高等学校师生比（%）	+
			教育支出占财政支出比重（%）	+
	贸易畅通度	贸易畅通度是构建国际贸易新发展格局的重要标志，实现双方贸易畅通的突破，有助于进一步提升双方现有贸易关系，推动世界贸易发展（旦志红等，2017）	外贸依存度（一）	+
			贸易竞争力指数（%）	+

续表

目标层	准则层	准则层描述	指标层	属性
产业基础能力	市场开放度	市场开放度是中国经济增长的重要因素（万勇，2010），国内市场对境外投资者的开放将促进经济增长（Angkinand et al.，2010；戴鹏毅，2021）	外商投资企业数（个）	+
			外商直接投资合同项目（个）	+
			当年实际使用外商直接投资额（万美元）	+
	产业结构协同度	城市群是城市化发展到高度水平的产物，在城市群发展过程中，产业结构发展状态直接关系到城市群的可持续发展状态。区域产业的协同发展会受到多种因素的影响	产业结构合理化指数	－
			产业结构高级化指数	+

（1）实体经济增值力。经济社会发展的无数经验教训表明，"脱实向虚"危害甚大，即便带来所谓的"欣欣向荣"，也只是经济的表面繁荣甚至经济泡沫。实体经济是强国之本、兴国之基、产业之根。实体经济是现代化产业体系的根基和支柱，是实现中国式现代化最重要的物质基础，发展和壮大实体经济是建设社会主义现代化强国的必由之路。但是，中国实体经济发展的"大而不强"问题突出，实体经济供给数量充足，但供给质量却不高，无法满足产业结构转型升级的需要。实体经济的发展要从产业层面来看，其中第一产业和第二产业均属于实体经济的范畴，第三产业中房产市场和金融市场之外的产业也都应属于实体经济，金融、互联网等服务于实体经济，构成实体经济发展的外部力量。因此，本节选取实体经济产业增加值占比、社会消费品零售总额占GDP比重、规模以上工业企业利润总额、中外资金融机构贷款余额、中外资金融机构存款余额五个指标来衡量实体经济增值力。其中实体经济产业增加值为第一产业增加值与第二产业增加值的总和。

（2）自主创新推动力。随着经济区域化的发展趋势越来越明显，城市群的自主创新能力已成为获取竞争优势的决定性因素。因此，不断增强自主创新能力，从根本上提高经济竞争力，已成为促进经济发展的关键。目前，我国科技事业取得了令人鼓舞的巨大成就，建立了比较完备的学科体系，拥有了丰富的科技人力资源，具备了一定的自主创新能力，为建设创新型国家奠定了基础。城市群的创新能力不仅取决于各个子系统（技术创新、知识创新、创新扩散和创新环境）以及各创新主体（企业、大学和科学研究机构、科技中介服务机构和政府机构等），而且取决于各个子系统和各个主体作为一个系统的组成部分的相互作用和互动发展方式。因此，本节选取信息传输、计算机服务和软件业从业人员，科技经费支出占比，专利申请授权数三个指标来评价城市群自主创新推动力。

（3）交通基础设施联通力。公共交通基础设施的建设能够有效地带动其周边地区土地价值的提高与产业结构的调整，并且改变城市生产要素的空间布局，对城市经济的发展具有重要影响。同时公共交通基础设施的建设改变了城市的居住条件，有助于加快人口流动、提高城市居民的生活水平、促进社会发展进步，对城市经济、社会和环境都具有积极影响。因此，本节使用年末实有公共汽（电）车营运车辆数、互联网宽带接入用户数、货运总量、客运总量四个基础指标来衡量城市群交通基础设施的联通力。

（4）生态环境承载力。生态环境是一个区域经济发展的自然物质基础，树立科学的生态保护观有助于推动区域内生态环境可持续发展的顺利实现，城市群协同发展的一个重要突破口就是生态环境保护，可以从建设区域生态安全系统、促进区域绿色低碳经济发展、创新人口资源环境相协调的发展模式、探索多元化的生态补偿机制，以及建立有效的生态危机处理机制方面来保证区域生态协同创新发展。因此，通过分析城市群的实际发展情况，并结合近年来生态环境变化趋势，依照数据的公开性、可行性和操作性原则，本节选择一般工业固体废物综合利用率、生活垃圾无害处理率、单位 GDP 电能耗、单位 GDP 气消耗作为评价城市群生态环境承载力的基本指标。

（5）公共服务承载力。公共服务是根据我国的经济社会发展阶段和总体水平，维持经济社会的稳定、基本的社会正义和凝聚力，保护个人的生存权和发展权，实现人的全面发展的基本社会条件。一个地区义务教育、公共卫生和基本医疗、基本社会保障、公共就业服务是最核心的公共服务内容，这是建立和保障我国社会各个阶层成员的生存权和发展权所需提供的主要公共服务，因此，也是衡量一个地区公共服务水平时的主要考查内容。因此，本节将医院、卫生院数目，每万人拥有床位数，每万人拥有的医生数，普通高等学校师生比，教育支出占财政支出比重作为考察城市群公共服务承载力的基本指标。

（6）贸易畅通度。随着经济全球化与贸易一体化不断发展，中国积极加入国际分工，实行共同贸易政策成为中国经济发展的重要方式。新时期准确把握中国循环经济与对外贸易协调发展路径，就要以城市群为总抓手，在推动城市群保持经济稳定进步的前提下，实现"外向型"经济模式到"内生型"经济模式的转变。对外贸易是指跨越国境的货物和服务贸易，一般由进口贸易和出口贸易组成，是国民经济的重要组成部分，也是世界各国经济关系的核心部分，在经济发展中起到不可替代的作用。另外，对外贸易有利于改善经济结构，加速工业化进程，促进产业结构升级，且通过对外贸易可以引进国外的先进科学技术，带动区域之间的经济发展。因此，本节选取外贸依存度和贸易竞争力指数来衡量城市群整体的贸易畅通度，以贸易畅通凝聚城市群合作的强大合力。其中，外贸依存度是指一国对贸易的依赖程度，计算公式为：对外贸易依存度＝进出口总额/国内生产总值；贸易竞争力指数是一国进出口贸易的差额占进出口贸易总额的比重，计算公式为：TC指数＝(出口额－进口额)/(出口额＋进口额)。

（7）市场开放度。对外开放能够有效改善市场的融资境遇，进而为市场数字化转型提供良好的财务保障。一方面，对外开放能为市场拓宽融资渠道，降低转型成本，通过多渠道筹资能够改善企业的融资状况，同时，外部投资也能直接提供转型所需要的设备，破解市场的融资困境。另一方面，中国已经步入了由"引进来"向"走出去"转变的新阶段，在开放的环境下，市场既可以直接出口化解过剩产能，也能开展对外投资，获得技术溢出以提升市场竞争力。因此，本节采用外商投资企业数、外商直接投资合同项目、当年实际使用外商直接投资额三个指标来评价城市群市场开放度。

（8）产业结构协同度。城市群是城市化发展到高度水平的产物，在城市群发展过程中，产业结构发展状态直接关系到城市群的可持续发展状态。区域产业的协同发展会受到多种因素的影响，如政策环境、投资水平、市场发展程度、人力资本、科研创新能力等。在城市群的建设中，也存在着产业结构相似导致区域内竞争、行政区域划分弱化合作机制、传统产业比重大而高新技术产业发展较慢等问题。因此，本节使用产业结构合理化指数和产业结构高级化指数来评价城市群产业结构协同程度。其中，合理化指数使用泰尔指数（干春晖，2011），计算公式为：

$$TL = \sum_{i=1}^{n} \left(\frac{Y_i}{Y} \right) \ln \left(\frac{Y_i/L_i}{Y/L} \right) \tag{3.1}$$

式中，i 表示第一、第二、第三产业，Y 表示产值，L 表示就业人数，泰尔指数越小，说明产业结构合理化水平越高。

二、评价方法与数据来源

(一) 评价方法

本书采用时空改进熵值法测度产业基础能力发展水平。该方法是将杨丽和孙之淳（2015）提出的改进熵值法进一步拓展为时空极差熵权法，用于为中国城市群产业基础能力发展体系三级评价指标赋权。这种方法的主要优势在于利用了指标在时空双重维度上的信息，克服了传统熵权法只能利用各指标在某特定时点上信息的局限性，从而能更充分反映指标在时空双重维度上对评价对象的区分度。而且随着时间的推移，各指标的相对重要性会发生改变，时空极差熵权法还能据此动态地更新指标的权重（张友国等，2020）。参考张友国（2020）的研究，假定指标体系包含 k 个指标，涉及的评价对象有 n 个，时间跨度为 m 个时期，则指标体系可表示为 $X_i(i=1,2,3\cdots,k)$，其中指标 X_i 在第 t 期的取值可表示为 $X_{ijt}(j=1,2,3\cdots,n)$。具体计算步骤如下：

（1）通过极差公式对上述正负向指标进行标准化处理。

正效应指标组极差公式：

$$X'_{ijt} = \frac{X_{ijt} - \min(X_{ijt})}{\max(X_{ijt}) - \min(X_{ijt})} \tag{3.2}$$

负效应指标组极差公式：

$$X'_{ijt} = \frac{\max(X_{ijt}) - X_{ijt}}{\max(X_{ijt}) - \min(X_{ijt})} \tag{3.3}$$

（2）将 X'_{ij} 坐标进行平移得到 x''_{ijt}，其中，A 为平移的幅度，则：

$$x''_{ijt} = A + x'_{ijt} \tag{3.4}$$

（3）将指标定量化，计算 x''_{ijt} 的比重 z_{ijt}。

$$z_{ijt} = \frac{x''_{ijt}}{\sum\limits_{i=1}^{m} x''_{ij}} \tag{3.5}$$

（4）计算第 j 项指标的熵值 e_j。

$$e_j = -\frac{1}{\ln mn} \sum_{i=1}^{m} z_{ijt} \ln z_{ijt} , \ 0 \leqslant e_j \leqslant 1 \tag{3.6}$$

（5）计算第 j 项指标的差异性系数 g_j。

（6）计算指标 x_j 的权数 w_j，其中所有指标权重和为 1。

$$w_j = \frac{g_j}{\sum\limits_{j=1}^{n} g_j} \tag{3.7}$$

（二）数据来源

本书选择国家发展改革委课题组提出的十大城市群作为研究样本，中国十大城市群不仅是中国最有发展潜力的地区，也是支撑国民经济健康发展的十大支柱。本书剔除了研究样本口径不一致和数据严重缺失的城市，选取地级及以上城市为样本，总数量为 123 个，具体如表 3－2 所示。鉴于数据的完整性，本书所分析的样本数据起点时间为 2012 年，同时，相关指标能够获取的最新数据为 2021 年的数据，因而本书的样本期间为 2012～2021 年。本书中使用时空改进熵值法计算指标权重，其中的部分缺漏值均采用线性插值法补全。本书中所使用的样本数据来自相应年份的《中国城市统计年鉴》《中国高技术产业统计年鉴》及中国产业信息网等。

表3-2 中国十大城市群研究区域

城市群	城市数（个）	所包含地级以上城市
长三角	27	上海、南京、无锡、常州、苏州、南通、盐城、扬州、镇江、泰州、杭州、宁波、嘉兴、湖州、绍兴、金华、舟山、台州、合肥、芜湖、马鞍山、铜陵、安庆、滁州、池州、宣城、温州
珠三角	9	广州、深圳、珠海、佛山、江门、肇庆、惠州、东莞、中山
京津冀	13	北京、天津、石家庄、保定、唐山、沧州、廊坊、张家口、承德、秦皇岛、邯郸、衡水、邢台
山东半岛	8	济南、青岛、潍坊、烟台、淄博、威海、日照、东营
成渝	16	成都、重庆、德阳、绵阳、宜宾、乐山、泸州、南充、自贡、内江、遂宁、广安、雅安、资阳、眉山、达州
辽中南	10	沈阳、大连、鞍山、营口、抚顺、铁岭、丹东、盘锦、本溪、辽阳
长江中游	16	武汉、信阳、黄冈、孝感、九江、岳阳、荆州、黄石、咸宁、荆门、随州、鄂州、长沙、株洲、湘潭、南昌
中原	8	郑州、洛阳、许昌、平顶山、新乡、开封、焦作、漯河
海峡西岸	10	福州、泉州、厦门、漳州、莆田、宁德、潮州、汕头、上饶、鹰潭
关中	6	西安、咸阳、宝鸡、渭南、铜川、商洛

三、结果分析

（一）综合指数变化

图3-2显示了2012~2021年十大城市群产业基础能力指数的变动趋势。总体来看，十大城市群产业基础能力指数呈波动变化的趋势，产业基础能力水平长期显著提升。产业基础能力指数均值由2012年的0.2914上升至2016年的0.3135（见表3-3），同时也是在2016年达到十年内最高值；从2016年到2018年，产业基础能力指数均值大幅下

降，由 0.3135 下降至 0.2613；在 2018 年以后先上升至 0.3012 后逐渐回落至 0.2859。十大城市群产业基础能力指数在研究期内存在波动现象，表明由于外部冲击或城市群内部因素，短期内十大城市群产业基础能力水平是不稳定的。

图 3 - 2　2012～2021 年十大城市群总体产业基础能力指数变化趋势

表 3 - 3　　　2012～2021 年十大城市群总体产业基础能力指数均值

项目	2012 年	2013 年	2014 年	2015 年	2016 年	2017 年	2018 年	2019 年	2020 年	2021 年
样本整体	0.2914	0.2893	0.2945	0.2936	0.3135	0.2724	0.2613	0.3012	0.2895	0.2859

（二）子系统指数变化

如图 3 - 3 所示，此十大城市群的实体经济增值力指数的变动趋势均为波动上升，具有一定的同步性，并且其指数大小与该城市群产业基础能力指数大小具有同步性，同样也是长三角城市群相关数值明显高于其他城市群。其中长三角城市群实体经济增值力指数最高，各年均高于1.0，并呈现略有波动的明显上升趋势，在十年间提高了 43.76%（见表 3 - 4），这表明实体经济是长三角城市群产业基础能力提高的重要驱动力；其余各城市群实体经济增值力指数增长趋势明显，表明实体经济以持续提高的趋势为产业基础能力水平的提升作出贡献，但提升幅度略有不同，以京津冀城市群为例，其实体经济增值力也是波动上升，但其上升趋势相对较缓，这是因为京津冀城市群的中心城市，北京市和天津市的高端服务业占比较高，而京津冀城市群的产业分工布局和协同发展有待进一步优化，河北省的城市对于实体经济的承接有待进一步提高，这使京津冀城市群的实体经济增值力指数提高相对较缓，十年间仅提升了23.13%。而辽中南城市群和中原城市群在十年内实体经济增值力指数提升低于20%。

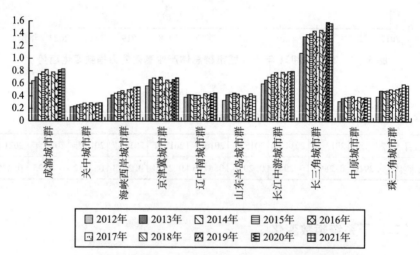

图3-3　2012~2021年子系统实体经济增值力指数变化趋势

表3-4　　　　　　2012~2021年子系统实体经济增值力指数

城市群	2012年	2013年	2014年	2015年	2016年	2017年	2018年	2019年	2020年	2021年
成渝	0.641	0.701	0.752	0.783	0.821	0.721	0.781	0.750	0.816	0.832
关中	0.224	0.238	0.254	0.265	0.284	0.259	0.287	0.264	0.282	0.289

城市群	2012 年	2013 年	2014 年	2015 年	2016 年	2017 年	2018 年	2019 年	2020 年	2021 年
海峡西岸	0.365	0.417	0.442	0.465	0.486	0.431	0.501	0.511	0.542	0.546
京津冀	0.562	0.661	0.688	0.662	0.702	0.605	0.657	0.620	0.665	0.692
辽中南	0.381	0.424	0.421	0.416	0.413	0.377	0.440	0.421	0.440	0.454
山东半岛	0.335	0.424	0.429	0.452	0.437	0.403	0.412	0.380	0.441	0.409
长江中游	0.600	0.661	0.710	0.747	0.781	0.691	0.787	0.757	0.796	0.800
长三角	1.090	1.352	1.388	1.399	1.448	1.349	1.462	1.429	1.585	1.567
中原	0.320	0.369	0.379	0.391	0.403	0.342	0.390	0.374	0.383	0.379
珠三角	0.395	0.492	0.487	0.493	0.515	0.495	0.515	0.534	0.595	0.575

如图 3-4 所示，从空间上来看，长三角城市群自主创新推动力指数远高于其他城市群，各年度指数均高于 0.6（见表 3-5），而其他城市群各年度大多低于 0.3。而从时间上来看，城市群的自主创新推动力指数呈不同程度的下降或低增长趋势，包括长三角城市群的自主创新推动力指数也呈现下降趋势，由 2012 年的 1.154 下降至 2021 年的 0.729，十年间下降 36.83%，而辽中南城市群的指数较低，但十年内下降比率高达 76.73%。部分城市群下降幅度较低，如京津冀城市群和海峡西岸城市群呈现基本保持不变的趋势，十年间分别下降 11.56% 和 14.29%，变动幅度较小。长江中游城市群在十年内保持了上升趋势，十年间增长了 38.98%。创新驱动发展是一个长期的发展过程，需要大量基础的积累以及不断的投入，以自主创新推动产业基础能力提高在短期内难以直接呈现效果，这导致自主创新推动力呈现十年间基本不变甚至下降的趋势。

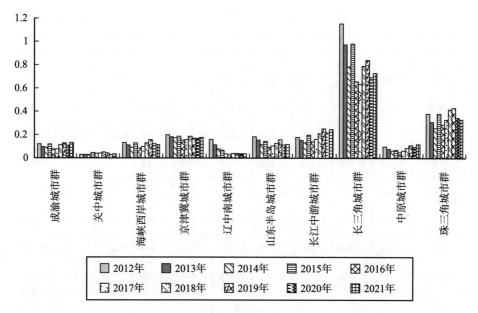

图 3 - 4　2012～2021 年子系统自主创新推动力指数变化趋势

表 3 - 5　　　　　　2012～2021 年子系统自主创新推动力指数

城市群	2012 年	2013 年	2014 年	2015 年	2016 年	2017 年	2018 年	2019 年	2020 年	2021 年
成渝	0.120	0.096	0.090	0.119	0.076	0.076	0.113	0.127	0.108	0.132
关中	0.029	0.030	0.030	0.045	0.040	0.042	0.051	0.042	0.030	0.035
海峡西岸	0.133	0.111	0.091	0.129	0.084	0.098	0.129	0.157	0.122	0.114
京津冀	0.199	0.181	0.174	0.186	0.154	0.157	0.186	0.170	0.168	0.176
辽中南	0.159	0.113	0.077	0.066	0.036	0.029	0.040	0.039	0.037	0.037
山东半岛	0.183	0.155	0.114	0.143	0.093	0.104	0.125	0.158	0.113	0.116
长江中游	0.177	0.152	0.132	0.197	0.140	0.162	0.210	0.252	0.217	0.246
长三角	1.154	0.973	0.785	0.981	0.657	0.636	0.790	0.841	0.693	0.729
中原	0.098	0.077	0.063	0.069	0.050	0.063	0.086	0.110	0.095	0.118
珠三角	0.380	0.309	0.256	0.380	0.288	0.329	0.417	0.430	0.345	0.331

如图 3 - 5 所示，从空间上来看，各城市群交通基础设施联通力指数与产业基础能力指数具有同步性，长三角城市群指数远超其他城市群（见表 3 - 6），关中城市群、中原城市群等仍处于较低水平。从时间上来看，各城市群相关指数在十年间均有较大的下降趋势，下降率均超过40%，除珠三角城市群外，其他各城市群下降率超过50%。交通基础设施的建设应与其他经济要素相匹配，但随着经济的增长、要素流动速度的提高和区域范围的扩大，交通基础设施越来越难以满足要素流动的需要，跨区域的交通基础设施建设需要高水平的区域协调和统筹规划，高效的交通基础设施建设和升级的难度也越来越高，这导致交通基础设施联通力指数呈大幅下降趋势，并且城市群之间的交通基础设施联通力指数差距逐年缩小，成为制约产业基础能力水平提升的关键因素。

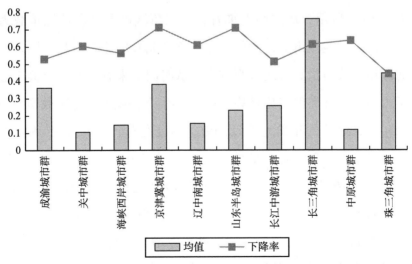

图 3 - 5　2012～2021 年子系统交通基础设施联通力指数均值变化趋势

表 3 – 6　　　　　2012 ~ 2021 年子系统交通基础设施联通力指数均值

城市群	2012 年	2013 年	2014 年	2015 年	2016 年	2017 年	2018 年	2019 年	2020 年	2021 年
成渝	0.439	0.391	0.405	0.334	0.386	0.481	0.457	0.273	0.248	0.206
关中	0.151	0.160	0.157	0.088	0.087	0.113	0.111	0.075	0.061	0.060
海峡西岸	0.210	0.194	0.192	0.123	0.152	0.178	0.154	0.086	0.089	0.092
京津冀	0.599	0.554	0.552	0.371	0.379	0.403	0.399	0.219	0.170	0.173
辽中南	0.247	0.239	0.237	0.138	0.131	0.152	0.161	0.089	0.067	0.096
山东半岛	0.386	0.359	0.324	0.202	0.215	0.232	0.229	0.144	0.111	0.112
长江中游	0.360	0.345	0.365	0.221	0.241	0.247	0.275	0.169	0.175	0.175
长三角	1.141	1.065	1.044	0.670	0.755	0.848	0.782	0.432	0.436	0.441
中原	0.183	0.185	0.160	0.105	0.112	0.120	0.122	0.068	0.065	0.066
珠三角	0.618	0.610	0.598	0.404	0.398	0.396	0.438	0.311	0.343	0.345

如图 3 – 6 所示，从空间上来看，长三角城市群生态环境承载力指数同样远高于其他城市群，此外，与整体产业基础能力指数不同，城市群生态环境承载力指数之间差距较小。从时间上来看，各城市群生态环境承载力指数均有类似变化趋势，2012 年生态环境承载力指数明显高于之后的年份，之后的年份呈波动趋势，但变化较小。以长三角城市群为例，其生态环境承载力呈波动趋势，自 2012 年的 2.531 下降至 2017 年的 1.976（见表 3 – 7），并自 2019 年起回升。2013 ~ 2021 年，十大城市群 9 年间变动幅度较小，仅海峡西岸城市群和长三角城市群指数增长率超过 25%，其余各城市群指数增长率均低于 25%，变化度最小的城市群为山东半岛城市群，自 2013 年起的九年间其指数仅增长 2.77%。

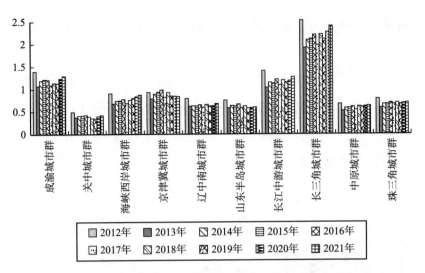

图 3-6　2012~2021 年子系统生态环境承载力指数变化趋势

表 3-7　　　　　　　2012~2021 年子系统生态环境承载力指数

城市群	2012 年	2013 年	2014 年	2015 年	2016 年	2017 年	2018 年	2019 年	2020 年	2021 年
成渝	1.397	1.074	1.189	1.219	1.211	1.091	1.140	1.131	1.237	1.294
关中	0.491	0.376	0.408	0.412	0.424	0.389	0.351	0.347	0.396	0.419
海峡西岸	0.907	0.672	0.739	0.746	0.779	0.683	0.757	0.802	0.836	0.872
京津冀	0.933	0.788	0.892	0.935	0.984	0.826	0.930	0.850	0.848	0.838
辽中南	0.795	0.617	0.627	0.621	0.649	0.592	0.656	0.622	0.626	0.676
山东半岛	0.755	0.578	0.632	0.621	0.663	0.587	0.622	0.577	0.582	0.594
长江中游	1.409	1.035	1.148	1.130	1.217	1.089	1.199	1.151	1.185	1.270
长三角	2.531	1.915	2.089	2.114	2.203	1.976	2.215	2.110	2.270	2.405
中原	0.668	0.517	0.578	0.584	0.607	0.537	0.616	0.602	0.616	0.630
珠三角	0.789	0.582	0.662	0.669	0.700	0.662	0.700	0.662	0.688	0.701

如图 3-7 所示，从空间上来看，十大城市群公共服务能力承载指

数之间差距明显，与产业基础能力指数变化具有同步性，其中仍以长三角城市群公共服务能力承载指数为最高（见表3-8）。从时间上来看，十大城市群的公共服务承载力指数在十年间保持了相同的变动趋势，2014~2017年十大城市群公共服务能力承载指数呈现相同比例的增长趋势，2017~2018年均不同幅度明显下降，之后保持上升趋势，并在2020~2021年小幅下降。

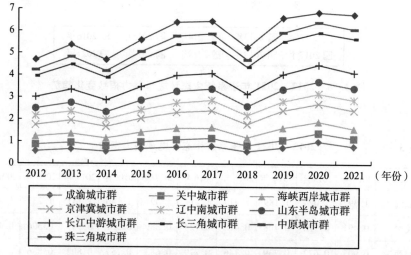

图 3 - 7 2012~2021 年子系统公共服务承载力指数变化趋势

表 3 - 8   2012~2021 年子系统公共服务承载力指数

城市群	2012 年	2013 年	2014 年	2015 年	2016 年	2017 年	2018 年	2019 年	2020 年	2021 年
成渝	1.397	1.074	1.189	1.219	1.211	1.091	1.140	1.131	1.237	1.294
关中	0.491	0.376	0.408	0.412	0.424	0.389	0.351	0.347	0.396	0.419
海峡西岸	0.907	0.672	0.739	0.746	0.779	0.683	0.757	0.802	0.836	0.872
京津冀	0.933	0.788	0.892	0.935	0.984	0.826	0.930	0.850	0.848	0.838
辽中南	0.795	0.617	0.627	0.621	0.649	0.592	0.656	0.622	0.626	0.676

续表

城市群	2012 年	2013 年	2014 年	2015 年	2016 年	2017 年	2018 年	2019 年	2020 年	2021 年
山东半岛	0.755	0.578	0.632	0.621	0.663	0.587	0.622	0.577	0.582	0.594
长江中游	1.409	1.035	1.148	1.130	1.217	1.089	1.199	1.151	1.185	1.270
长三角	2.531	1.915	2.089	2.114	2.203	1.976	2.215	2.110	2.270	2.405
中原	0.668	0.517	0.578	0.584	0.607	0.537	0.616	0.602	0.616	0.630
珠三角	0.789	0.582	0.662	0.669	0.700	0.662	0.700	0.662	0.688	0.701

如图 3－8 所示，贸易畅通度指数及其变动趋势产生了与其他子系统不同的规律，十大个城市群的贸易畅通指数变动趋势虽然相似，但变动量差距较大，导致不同年份城市群贸易畅通指数之间的差距大小出现变化，十个城市群的贸易畅通度指数在 2012 年差距较小，在 2012～2016 年保持大致相同的变动趋势，自 2017 年开始各城市群贸易畅通度指数大幅增长，其中以长三角城市群贸易畅通指数变动量最大，2018 年和 2019 年已远超其他城市群，而其他城市群贸易畅通指数在 2017 年及以后保持大体相同的变动趋势，但变动量较小，差距均小于 0.4（见表 3－9）。

如图 3－9 所示，从空间上来看，长三角城市群市场开放度指数仍远超其他城市群，其他城市群市场开放度指数之间的差距较小，并且各年变动均有不同。从时间上来看，除长三角城市群和珠三角城市群，其他八大城市群的市场开放度指数变动均有相同的特征，即相较于 2020 年，八大城市群 2021 年市场开放度指数出现陡增，增加率均为 150%，这一特征以辽中南城市群最为明显，2021 年市场开放度指数较 2020 年增长 643.75%（见表 3－10）。而十大城市群的市场开放度指数在十年间均有"高—低—高"的特征出现，即前四年市场开放度指数处于较高水平，中间两年明显降低，之后四年再回升，其中由于长三角城市群指数较高，这一特征最为明显。

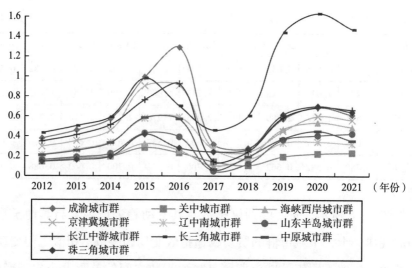

图 3-8 2012~2021 年子系统贸易畅通度指数变化趋势

表 3-9 2012~2021 年子系统贸易畅通度指数

城市群	2012 年	2013 年	2014 年	2015 年	2016 年	2017 年	2018 年	2019 年	2020 年	2021 年
成渝	0.378	0.459	0.574	0.994	1.290	0.318	0.280	0.574	0.691	0.613
关中	0.145	0.178	0.197	0.285	0.234	0.145	0.106	0.195	0.225	0.234
海峡西岸	0.160	0.182	0.203	0.325	0.258	0.103	0.184	0.471	0.537	0.491
京津冀	0.296	0.354	0.458	0.904	0.909	0.273	0.242	0.451	0.600	0.562
辽中南	0.214	0.266	0.340	0.579	0.593	0.269	0.173	0.334	0.344	0.323
山东半岛	0.162	0.191	0.227	0.430	0.393	0.048	0.124	0.365	0.407	0.426
长江中游	0.348	0.413	0.514	0.763	0.927	0.145	0.245	0.587	0.689	0.665
长三角	0.432	0.504	0.592	0.982	0.703	0.461	0.606	1.441	1.633	1.471
中原	0.210	0.255	0.333	0.586	0.573	0.064	0.195	0.376	0.451	0.354
珠三角	0.146	0.164	0.196	0.418	0.282	0.244	0.271	0.617	0.701	0.642

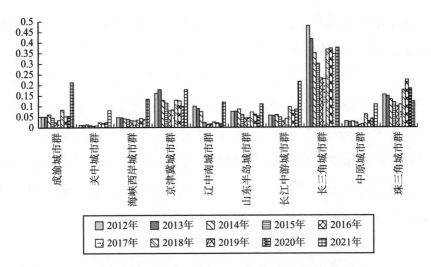

图 3 – 9   2012～2021 年子系统市场开放度指数变化趋势

表 3 – 10   2012～2021 年子系统市场开放度指数

城市群	2012 年	2013 年	2014 年	2015 年	2016 年	2017 年	2018 年	2019 年	2020 年	2021 年
成渝	0.051	0.051	0.061	0.046	0.024	0.034	0.083	0.052	0.054	0.213
关中	0.011	0.011	0.014	0.010	0.007	0.009	0.023	0.019	0.023	0.080
海峡西岸	0.047	0.046	0.041	0.038	0.032	0.031	0.035	0.042	0.037	0.134
京津冀	0.161	0.179	0.128	0.115	0.078	0.083	0.129	0.125	0.098	0.178
辽中南	0.100	0.089	0.074	0.023	0.015	0.016	0.025	0.021	0.016	0.119
山东半岛	0.074	0.075	0.085	0.059	0.043	0.044	0.071	0.061	0.053	0.110
长江中游	0.056	0.055	0.059	0.048	0.029	0.040	0.096	0.077	0.084	0.216
长三角	0.479	0.416	0.349	0.300	0.231	0.228	0.369	0.372	0.346	0.375
中原	0.029	0.026	0.028	0.023	0.012	0.016	0.061	0.030	0.041	0.109
珠三角	0.154	0.148	0.132	0.118	0.098	0.107	0.177	0.224	0.183	0.122

如图 3 – 10 所示，十年内，各城市群产业结构协同度指数均有下降，且下降幅度接近，而各城市群十年间产业结构协同度指数均值仍以

长三角城市群为最高，明显高于其他城市群，但其他城市群产业结构协同度指数间差距较小，此子系统中，均值排名第一的长三角城市群与排名第二的长江中游城市群产业结构协同度指数差距为 0.64（见表 3 - 11），而排名第二和排在最后一名的关中城市群产业结构协同度指数差距为 0.29，表明相较于长三角城市群的绝对领先，其他九个城市群的产业结构协同度指数均值差距较小。而变动率方面，除成渝城市群产业结构协同度指数下降率为 42.74%，其余九大城市群产业结构协同度指数下降率均处于 60% ~ 75%，变动率之间的差距较小。

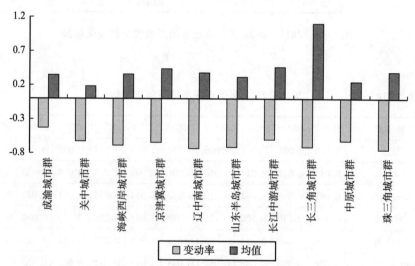

图 3 - 10   2012 ~ 2021 年子系统产业结构协同度指数均值及其变动率

表 3 - 11   2012 ~ 2021 年子系统产业结构协同度指数

城市群	2012 年	2013 年	2014 年	2015 年	2016 年	2017 年	2018 年	2019 年	2020 年	2021 年
成渝	0.372	0.437	0.441	0.256	0.409	0.452	0.241	0.390	0.250	0.213
关中	0.214	0.262	0.269	0.139	0.223	0.227	0.101	0.208	0.095	0.080
海峡西岸	0.428	0.516	0.531	0.277	0.441	0.468	0.209	0.406	0.163	0.134
京津冀	0.500	0.594	0.606	0.362	0.534	0.569	0.306	0.527	0.222	0.178

续表

城市群	2012 年	2013 年	2014 年	2015 年	2016 年	2017 年	2018 年	2019 年	2020 年	2021 年
辽中南	0.444	0.577	0.587	0.279	0.492	0.509	0.243	0.397	0.145	0.119
山东半岛	0.381	0.459	0.477	0.266	0.401	0.402	0.196	0.356	0.138	0.110
长江中游	0.538	0.650	0.670	0.337	0.562	0.588	0.279	0.571	0.258	0.216
长三角	1.288	1.575	1.642	0.912	1.396	1.391	0.693	1.317	0.475	0.375
中原	0.286	0.328	0.359	0.201	0.295	0.310	0.165	0.321	0.133	0.109
珠三角	0.486	0.566	0.583	0.334	0.484	0.495	0.250	0.437	0.155	0.122

第二节　长江经济带城市群产业链现代化发展水平的测度与评价

长江经济带覆盖沿江 11 个省市，横跨我国东中西三大板块，人口规模和经济总量占据全国"半壁江山"，生态地位突出，发展潜力巨大，应该在践行新发展理念、构建新发展格局、推动高质量发展中发挥重要作用。而长江沿江的城市群是推动长江经济带高质量发展的空间主体，更是推动中国城市群产业链现代化发展的重要一环。因此，本节以长江经济带城市群为研究样本，综合测度并分析长江经济带城市群产业链现代化发展水平。

一、指标构建

（一）构建原则

通过建立一套完善的指标体系，可以准确地衡量长江经济带产业链的现代化发展水平及其变化趋势，从而为政府决策提供可靠的参考依据。因此，本部分依然在遵循科学性、可操作性和全面性等原则的基础上，尽可能以代表性指标勾勒出体系各部分及整体的特征，从而客观反映长江经济带产业链现代化发展的内在规律和演化趋势。

（二）构建依据及基本框架

产业链现代化的本质是对产业转型升级状况的衡量，反映产业转型升级在发展动力、构成和效益上的现代化水平。依照前述一系列原则，并充分吸收相关文献的研究成果，区域产业链现代化主要体现在四个方面，即产业链高端化、产业链创新性、产业链协同性和产业链可持续性。本书构建的区域产业链现代化发展综合评价指标体系（见表3-12）具有如下层次和逻辑关系。

表3-12　　　　　　　区域产业链现代化发展综合评价指标体系

一级指标	二级指标	三级指标	计算方法	单位	属性
区域产业链现代化	产业链高端化	产业结构高级化	第三产业产值/第二产业产值	—	正向
		产业结构合理化	式（3.1）	—	负向
	产业链创新性	专利申请受理数	—	件	正向
		万人互联网用户数	—	户	正向
	产业链协同性	生产性服务业就业聚集度	式（3.8）	—	正向
		制造业就业聚集度		—	正向
		产业间协同聚集度	式（3.9）	—	正向
	产业链可持续性	单位GDP能耗	全年用电量/地区GDP	千瓦时/万元	负向
		单位GDP废水排放量	废水排放量/地区GDP	吨/万元	负向
		一般工业固体废物处置率	—	%	正向
		生活垃圾无害化处理率	—	%	正向
		城市污水处理率	—	%	正向
		城市建成区绿化覆盖率	—	%	正向

（1）产业链高端化。实现产业链高端化是指在价值增值以及价值创造层面占据中高端，其中的头部企业不仅具有一定的对价值链的治理能力，而且可以获取较高的增加值率。具体表现为两方面：一是生产加工角度，产品制造从生产低附加值产品转向生产高附加值的先进智能产品，推进行业从加工制造基础向研发、设计、标准、品牌和供应链管理等产业链高端环节过渡，并向价值链的中高端迈进；二是产业结构角度，随着大数据、物联网、人工智能的广泛应用，高技术制造业和战略性新兴产业占比将持续提升，互联网支撑的水平分工和跨产业链融合继续深化，促使资源配置效率提高，产业链价值增值能力提升。因此，本书中选取产业结构高级化和合理化指数等 2 个指标，分别从正向和负向，衡量地区实现产业链高端化以提供相关现代服务和进行高附加值生产制造的能力。

（2）产业链创新性。随着生产成本的不断提高、技术模仿的红利减弱，以及外部环境的剧烈变化，我国产业链面临着新的挑战，尤其是美国推动与我国技术脱钩的背景下，我国科技创新的短板更加明显，原创能力和基础技术的供给不足，以及"卡脖子"中关键核心技术的缺乏，都成为产业链现代化的制约因素。我国亟待由要素驱动和技术驱动向创新驱动转型，保障关键核心技术自主供给，保障生产环节畅通循环运行。同时，经济社会活动的数字化，使人力资本、技术和数据正在成为重塑产业竞争力和竞争格局的重要因素，要加快工业部门的数字化、智能化转型，提升供给系统的质量和效率，促进创新链和产业链融合发展，推动产业链实现现代化发展。因此，本书选取专利申请受理数、万人互联网用户数 2 个指标来分别描述产业技术创新投入产出能力，创新生态环境和推动数字经济发展的公共服务能力，从而实现对产业链创新性的刻画。

（3）产业链协同性。通过对价值链、企业链、供需链的有效整合，形成一个完整的产业链，有助于提高生产效率，降低生产成本，并且可以实现多种功能的有机结合。一方面，生产性服务业和制造业协同融合有利于产业链现代化升级。现代制造业的技术、知识和人力资本都依赖于现代生产性服务业的供给支持，现代生产性服务的发展降低了投入成本，提高了服务部门的投入质量，同时促进了制造业的专业化和现代化。另一方面，产业和公共服务协同可以增强产业区域集聚效应。通过不断改善基础设施，优化城市群的产业链结构，促进物流、资金、知识、信息和人才的有效整合，从而提升区域经济的发展能力，夯实区域产业链的韧性和竞争力。

本书借鉴周小亮（2019）和王燕（2020）的计算方法选取生产性服务业就业聚集度、制造业就业聚集度、各产业间协同聚集度 3 个指标，分别测度生产性服务业和先进制造业的区域协同聚集水平对提升产业链协同性的贡献。计算公式如下：

$$ag_{ij} = \frac{E_{ij}/E_j}{E_i/E}, \; j = ps, \; m \tag{3.8}$$

$$agg_i = \left(1 - \frac{|ag_i^{ps} - ag_i^{m}|}{(ag_i^{ps} + ag_i^{m})}\right) + (ag_i^{ps} - ag_i^{m}) \tag{3.9}$$

式中，E 表示当年全国所有行业的就业总数，E_{ij} 则表示 i 地区 j 行业当年的就业人数，ps 和 m 分别表示生产性服务业和制造业，E_i 表示 i 地区当年的就业人数，E_j 表示 j 行业当年的就业人数，ag_{ij} 和 agg_i 分别表示各行业协同集聚度以及两行业之间的协同集聚度。同时，本书重点选择五个领域——软件和信息技术、交通运输、金融业、科学研究与技术服务、仓储与邮政进行研究，这些领域都是生产性服务的重要组成部分。

（4）产业链可持续性。提升产业链供应链现代化水平必须具备可持续发展的内涵。从高碳增长转向绿色发展，必须加大绿色转型的攻坚力度，采取有效措施减少对环境的影响，进一步降低能源强度和主要污染物和碳排放强度，推动经济社会发展的整体绿色转型，打造人与自然和谐发展的新型现代化。通过推进绿色化、创新驱动的新型工业化，大力普及绿色生产工艺和技术装备，加快传统产业的智能化、绿色化升级改造，不仅可以提高劳动生产率，又可促进产业链的可持续发展。因此，本书选取单位 GDP 能耗、单位 GDP 废水排放量、一般工业固体废物处置率、城市污水处理率、城市建成区绿化覆盖率和生活垃圾无害化处理率 6 个指标来衡量城市群节能减排治理能力和绿色集约式发展水平，从而描述区域产业链可持续性。

二、评价方法与数据来源

（一）评价方法

对于产业链现代化水平测度，学者们通常采用客观赋权法，主要包括熵权法、因子分析法，这类方法克服了主观赋权法的局限，使得测度结果更为科学合理，本书借鉴杨丽和孙之淳（2015）提出的改进熵值法，对绿色金融下的二级指标客观赋权，以更为准确、客观地测度与评价长江经济带城市群绿色金融的发展水平。具体计算步骤如下：

首先，通过极差公式对上述正负向指标进行标准化处理。

正效应指标组极差公式：

$$X_{ij} = \frac{x_{ij} - x_{\min}}{x_{\max} - x_{\min}} \tag{3.10}$$

负效应指标组极差公式：

$$X_{ij} = \frac{x_{\max} - x_{ij}}{x_{\max} - x_{\min}} \tag{3.11}$$

同时，为方便后续计算，避免 X_{ij} 为零，将 X_{ij} 进行平移得到 X'_{ij}，$X'_{ij} = X_{ij} + A$，其中，A 为平移的幅度。

其次，将指标定量化，计算 X'_{ij} 的比重：

$$P_{ij} = \frac{X'_{ij}}{\sum_{i=1}^{n} X'_{ij}} \qquad (3.12)$$

式中，n 为同一指标下的样本数量。

接着，计算第 j 项指标的熵值 e_j：

$$e_j = -\frac{1}{\ln n} \sum_{i=1}^{n} P_{ij} \ln(P_{ij}) \qquad (3.13)$$

然后，确定评价指标的权重 W_j：

$$W_j = \frac{g_j}{\sum_{j=1}^{m} g_j} \qquad (3.14)$$

式中，g_j 为第 j 项指标的差异性系数，由 $g_j = 1 - e_j$ 得出，m 为指标总数量。

最后，计算综合评价得分：

$$E_i = \sum_{j=1}^{m} W_j X_{ij} \qquad (3.15)$$

E_i 评价值越高，意味着该地区绿色金融发展水平越高。

（二）数据来源

本书选取了长江经济带城市群 76 个城市 2010～2020 年的面板数据，作为评价分析长江经济带城市群绿色金融发展水平的样本，其中，环保企业中长期贷款、环保企业数量及市值数据来源于锐思数据库中大环保、清洁能源、科技三大概念板块，其余数据均来源于《中国城市统计年鉴》。此外，个别城市区域存在的局限性以及未完全统计等客观原因导致了少量数据的缺失，根据其样本属性采用移动平均法来进行数据补充处理。

三、结果分析

（一）总体水平评价

总体来看，2010～2020年，长江经济带城市群产业链现代化发展水平呈缓慢上升的发展趋势，且自东向西呈依次递减发展状态（见图3－11）。其中，长三角城市群的产业链现代化发展水平最高，是长江经济带城市群实现产业升级转型的核心带动区域；长江中游城市群产业链现代化发展水平仅次于长三角地区，占据着长江经济带产业链升级的重要地位；成渝城市群产业链现代化水平呈现波动上升趋势，发展潜力较大；而黔中、滇中城市群整体产业链现代化水平较低，产业升级动力明显不足。

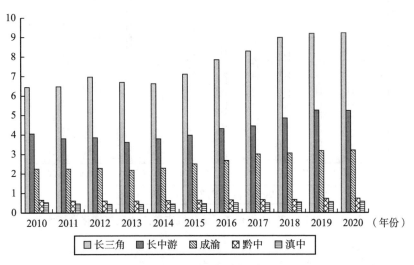

图3－11　2010～2020年长江经济带城市群产业链现代化发展水平

（二）分维度对比分析

产业链高端化方面，2010～2020 年，长江经济带城市群产业链高端化水平整体呈稳步上升态势。其中长中游和成渝城市群产业转型升级速度加快，2020 年比 2010 年分别提高 217% 和 264%，说明两城市群要素配置较为合理，产业结构不断优化，第三产业比重不断上升，尤其是成渝城市群，近年来重庆、四川地区大力发展旅游业，带动第三产业蓬勃发展，促进产业链附加值不断提升。长三角城市群产业链高端化水平持续处于高位，这主要得益于该地区地理位置的优越性以及资本和信息优势，新兴服务业较为发达，产业结构更加合理。而黔中和滇中城市群由于第一产业比重较大，产业附加值不高，产业链高端化水平有待提升（见图 3－12）。

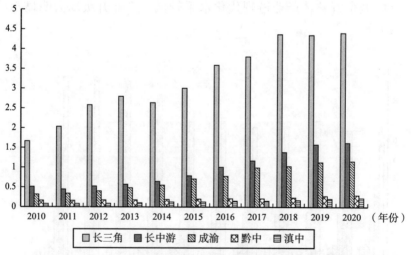

图 3－12　2010～2020 年长江经济带城市群产业链高端化发展水平

产业链创新性方面，2010～2020 年，长江经济带城市群产业链创新性发展水平整体呈波动上升趋势（见图 3 - 13），各城市群的创新能力都有了显著的提升，这主要是因为长江经济带创新政策环境良好，高校聚集，人才和科研优势较为显著。与此同时，近年来互联网等经济基础建设不断完善，有效促进了技术市场和人才市场的流动，进而推动创新驱动产业转型升级。

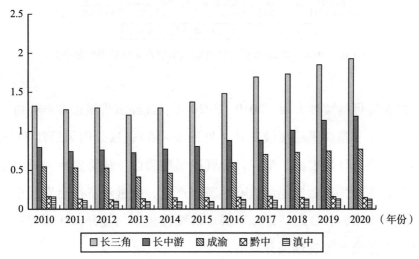

图 3 - 13　2010 ～ 2020 年长江经济带城市群产业链创新性发展水平

产业链协同性方面。2010 ～ 2020 年，长江经济带城市群产业链协同集聚水平呈现缓慢上升的状态（见图 3 - 14）。其中，长三角城市群协同性得分一直领先，说明该地区制造业和生产性服务业融合效果较好，协调程度较高。其次是长中游和成渝城市群，10 年间分别提高 42% 和40%，主要是因为生产性服务业与制造业的集聚水平不断提高，促进两者之间生产的协同集聚效应。而黔中和滇中城市群产业链协同性水平较低，主要是由于这两个地区产业重心偏向第一二产业，随着当地政府对旅游业宣传支持力度的加大，黔中和滇中城市群的产业协调度将有所提升。

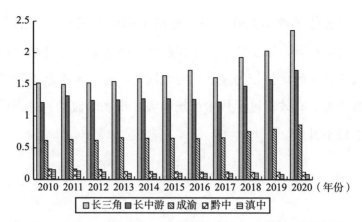

图 3 – 14　2010～2020 年长江经济带城市群产业链协同性发展水平

　　产业链可持续性方面。2010～2020 年长江经济带城市群产业链可持续性发展水平整体平稳缓慢上升（见图 3 – 15），这是因为沿江 11 省市大力推进生态环境整治，根据自身资源禀赋和区位优势整治大量沿江化工企业，支持先进制造业和战略性新兴产业，促进经济社会发展全面绿色转型。未来，长江经济带城市群可持续性将不断提升，从而促进产业经济与自然资源的良性循环发展。

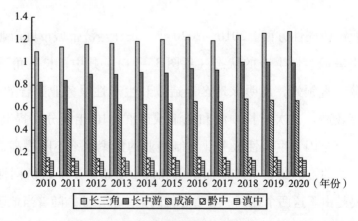

图 3 – 15　2010～2020 年长江经济带城市群产业链可持续性发展水平

第三节 本章小结

本章中遵循科学性、可操作性、全面性等指标构建原则，从实体经济增值力、自主创新推动力、交通基础设施联通力、生态环境承载力、公共服务承载力、贸易畅通度、市场开放度、产业结构协同度八个维度构建中国十大城市群的产业基础能力综合评价指标体系，利用 2012～2021 年中国城市群 123 个城市的数据，运用时空改进熵值法对中国十大城市群产业基础能力进行了测度，并对测算结果分别从整体和子系统的角度进行全面分析。通过构建产业链高端化、产业链创新性、产业链协同性和产业链可持续性"四位一体"的产业链现代化综合评价指标体系，基于 2010～2020 年长江经济带城市群 76 个城市的数据，运用改进熵值法和 ArcGIS 制图技术，更直观地评价长江经济带城市群产业链现代化的发展水平与空间格局。研究结果表明：①总体来看，2012～2021 年，十大城市群产业基础能力指数呈波动变化的趋势，产业基础能力水平显著提升。②2010～2020 年，长江经济带城市群产业链现代化水平呈稳定缓慢上升的发展趋势，且空间格局呈不对称分布，呈东中西依次递减的梯状差异。③长三角城市群的产业链现代化发展水平最高，对周边城市辐射作用较为明显；长江中游城市群产业链现代化发展水平仅次于长三角城市群；成渝城市群产业链现代化水平呈现波动上升趋势，但虹吸效应明显，与周边城市差距有不断扩大的趋势；黔中和滇中城市群的产业链现代化水平虽有所提升，但总体落后于其他城市群，亟待进一步加大产业创新、产业结构优化、产业绿色转型的支持力度。

第四章

数字经济对中国城市群产业链现代化的影响研究

数字经济是目前经济中最为活跃的领域之一，以知识和信息作为要素，依托5G、大数据、区块链、物联网等数字技术与产业、创新和高质量发展等不断深入融合发展，正深刻改变着当前的经济发展方式，被认为是实现经济增长新旧动能转换的主要着力点之一。较多的发达国家已经将经济发展重点转向数字经济领域，数字经济与企业高质量发展、产业转型升级等实体经济深度融合发展，成为抢占新一轮技术革命主导优势的发展方向。中国信通院发布的《中国数字经济发展报告（2022年）》指出，2021年我国数字经济规模总量为45.5万亿元，数字经济规模占我国GDP总量的比重为39.8%。数字经济在国家发展战略中占据重要位置，是国民经济的"稳定器"和"加速器"，并逐渐成为经济高质量发展的新动能和新引擎。

数字经济主要包括数字产业化和产业数字化，以大数据、区块链、人工智能等为主的数字技术与产业链不断融合发展，数字技术嵌入到产业转型、产业链现代化发展等各个方面，催生出一些新产业、新模式（郭丰等，2022）。数字经济催生出电子信息制造业、大数据产业和互联网等行业，数字技术的广泛使用催生出平台经济、智能制造等新模式、新业态。数字经济为经济高质量发展提供了新动能，是构建现代经济体系的重要引擎。在数字经济快速发展和产业转型背景下，数字经济能否赋能城市群产业链现代化水平的提升？如果答案是肯定的，其中的作用机制又包括哪些？城市区域、城市类型等因素不同，数字经济对城市群产业链现代化发展的异质性影响是否存在差异？遗憾的是，鲜有文献对这一命题进行全面和系统的研究。对于上述问题的回答，为数字经济与城市群产业链现代化发展的关系提供了相关的经验证据，丰富了城市群产业链现代化发展的相关研究。同时，本书的研究结论不仅为数字经济发展提供了有益借鉴，还为城市群产业链现代化发展提供新的思路与方向，为实现我国产业转型的政策设计提供参考。

鉴于此，首先，本书中构建了城市数字经济发展水平评价指标体系，利用熵值法对城市群数字经济发展进行了测度。其次，本书还构建了城市产业链现代化水平的评价指标体系，对我国城市群产业链现代化水平进行了测度。再次，基于中国十大城市群 2011～2020 年相关数据，实证检验了数字经济发展对城市群产业链现代化水平的影响。最后，考察了数字经济影响城市群产业链现代化发展的作用机制，并对其中的异质性进行了分析。这对完善数字经济发展、推动城市群产业链现代化发展具有重要的现实意义和实践价值。

与现有文献相比，本书的边际贡献包括以下三个方面：①首先，本书中构建了产业链现代化发展的评价指标体系，对城市群产业链现代化水平进行了测度。其次，本书中还构建了城市数字经济发展的评价指标体系，对城市群数字经济发展水平进行了测度。本书的研究丰富了数字经济和产业链现代化评价指标体系和测度的研究。②在研究视角方面，现有文献中考察了数字经济对产业结构升级、城市创新与企业创新、绿色技术创新、高质量发展等方面的影响，但缺乏考察数字经济对城市群产业链现代化影响效果的文献。本书中对数字经济与城市群产业链现代化的关系进行了实证检验，研究发现，数字经济发展可以赋能城市群产业链现代水平的提升。③在研究内容方面，本书中对数字经济影响城市群产业链现代化水平的人力资本机构和技术创新作用机制进行了检验，还基于城市区域、城市类型和要素市场配置水平的不同，考察了数字经济对城市群产业链现代化影响效果的异质性。

第一节 研究设计

一、模型设定

为了检验数字经济发展对城市产业链现代化的影响效应，借鉴赵涛等（2020）、郭丰等（2022）的研究，采用双向固定效应模型对此进行检验，构建如下模型展开分析：

$$Indval_{it} = \beta_0 + \beta_1 Digital_{it} + \lambda Control_{it} + \mu_i + \eta_t + \varepsilon_{it} \qquad (4.1)$$

式中，下标 i 表示城市，t 表示年份。$Indval_{it}$ 为被解释变量，表示城市 i 在 t 年的产业链现代化水平（$Indval$）；β_0 为常数项；$Digital_{it}$ 是本书的核心解释变量，表示城市数字经济发展水平；$Control_{it}$ 表示影响城市产业链现代化水平的控制变量集合；μ_i 为城市固定效应；η_t 为年份固定效应；ε_{it} 为随机误差项。若 $\beta_1 > 0$ 且显著，则表明数字经济发展有利于提升城市产业链现代化水平；若 $\beta_1 < 0$ 且显著，则表明数字经济发展会抑制城市产业链现代化水平；若 $\beta_1 = 0$，则表明数字经济发展对城市产业链现代化水平没有影响。

二、指标选取与变量说明

（一）被解释变量

本章中参照部分学者的相关研究，并且依据指标构建的逻辑，遵循科学性、可得性、简便性和完备性原则，来进行评价指标体系的构建。根据城市群产业链现代化发展的特点，分别从产业结构优化、产业协同集聚、产业创新化、产业公共服务升级以及产业绿色化 5 个方面构建了城市群产业链现代化评价指标体系。

产业结构优化中的产业结构高级化指标方面，主要参考唐文进（2019）的研究来选取，I_i 表示第 i 产业的产值与总产值的比值，isu 值越大，表示该地区的产业结构更高级。产业结构合理化指标方面，主要参照周小亮（2019）和王燕（2019）的研究来选取，ia 为产业结构合理化指数，Y 为产值，L 为就业人数，Y_i/Y 表示三大产出结构，Y/L 表示生产率。ia 越大，说明产业结构越合理；ia 越小，产业结构也就越不合理。计算公式如下：

$$isu = \sum_{i=1}^{3} I_i \times i \tag{4.2}$$

$$ia = \frac{1}{\sum_{i=1}^{n} \left(\dfrac{Y_i}{Y}\right) \left| \dfrac{Y_i/L_i}{Y/L} - 1 \right|} \tag{4.3}$$

产业协同集聚部分与第三章第二节中的计算方法相同，借鉴周小亮（2019）和王燕（2020）的研究选取生产性服务业就业聚集度、制造业就业聚集度、各产业间协同聚集度 3 个指标，分别测度生产性服务业和先进制造业的区域协同聚集水平对提升产业链协同性的贡献。计算公式如下：

$$ag_{ij} = \frac{E_{ij}/E_j}{E_i/E}, \ \ j = ps, \ m \tag{4.4}$$

$$agg_i = \left(1 - \frac{\left| ag_i^{ps} - ag_i^m \right|}{\left(ag_i^{ps} + ag_i^m\right)}\right) + \left(ag_i^{ps} + ag_i^m\right) \tag{4.5}$$

其中各指标含义与第三章中的式（3.9）和式（3.10）相同。同时，本章依旧重点选择五个领域：软件和信息技术、交通运输、科学研究与技术服务、金融业、仓储与邮政，这些领域都是生产性服务的重要组成部分。

产业创新化部分的指标，主要参考胡联和许涵等（2021）学者的做法，选取专利申请数、教育支出占比、R&D 人员以及 R&D 经费支出作为衡量指标。产业公共服务升级部分的指标主要包含人均拥有城市道路面积、万人互联网用户数、城市建成区绿化覆盖率、城市万人拥有公交车车辆（韩峰，2019；魏婕，2021）。产业绿色化部分的指标，主要参考蔡乌赶（2021）、吴传清和周西一敏等（2020）学者的做法，选取单位 GDP 能耗、单位 GDP 废水排放量、工业固体废物综合利用率、生活垃圾无害化处理率以及污水处理厂集中处理率 5 个指标衡量城市群节能减排治理能力和绿色集约式发展水平，从而描述城市群产业链绿色化。

综合考量，城市群产业链现代化发展综合评价指标体系构建如表 4 - 1 所示。

表 4 – 1 　　　　　　城市群产业链现代化发展综合评价指标体系

一级指标	二级指标	三级指标	计算方法	单位	属性
产业链现代化	产业结构优化	产业结构高级化	$isu = \sum_{i=1}^{3} I_i \times i$		正向
		产业结构合理化	$ia = \dfrac{1}{\sum_{i=1}^{n} \left(\dfrac{Y_i}{Y}\right) \left\| \dfrac{Y_i/L_i}{Y/L} - 1 \right\|}$		正向
	产业协同集聚	生产性服务业就业聚集度	$ag_{ij} = \dfrac{E_{ij}/E_j}{E_i/E}, \ j = ps, \ m$		正向
		制造业就业聚集度			正向
		各产业间协同聚集度	$agg_i = \left(1 - \dfrac{\| ag_i^{ps} - ag_i^{m} \|}{(ag_i^{ps} + ag_i^{m})}\right) + (ag_i^{ps} + ag_i^{m})$		正向
	产业创新化	专利申请数		件	正向
		教育支出（比重）	教育支出/财政支出总额	%	正向
		R&D 人员		人	正向
		R&D 经费支出		万元	正向
	产业公共服务升级	人均拥有城市道路面积		平方米/人	正向
		万人互联网用户数	互联网用户数/人口总数 × 10000	户	正向
		城市建成区绿化覆盖率		%	正向
		城市万人拥有公交车车辆	年末公交车辆/人口总数 × 10000	辆	正向
	产业绿色化	单位 GDP 能耗	各市用电量/各市 GDP	千瓦时/万元	负向
		单位 GDP 废水排放量	废水排放量/各市 GDP	吨/万元	负向
		工业固体废物综合利用率（%）		%	正向
		生活垃圾无害化处理率		%	正向
		污水处理厂集中处理率		%	正向

（二）核心解释变量

核心解释变量为数字经济。中国信息通信研究院（2022）认为数字经济主要包括数字产业化、产业数字化、数字化治理和数据价值化。国家统计局（2021）则将数字经济的范围定义为数字产业化和产业数字化两个方面。采用单一指标不能较好地刻画城市层面的数字经济发展水平，本书中采用指标体系构建方法来测度城市数字经济发展水平，这可以准确和全面地测度与刻画城市数字经济发展水平。根据数字经济的内涵、定义和包含的主要内容，同时基于城市层面相关指标数据的可获得性，本书中借鉴赵涛等（2020）、陈贵富等（2022）、魏丽莉和侯宇琦（2022）、徐维祥等（2022）的研究，从数字产业化、产业数字化和数字基础设施三个维度对地级市层面的数字经济发展水平进行测度。

第一，数字产业化方面。根据国家统计局颁布的《数字经济及其核心产业统计分类（2021）》，本书中主要从电信业、数字产业从业人员、电子信息制造业、软件业和广播电视业5个方面来综合测算数字产业化水平。基于相关数据的可获得性，同时参考魏丽莉和侯宇琦（2022）的做法，对于数字产业化中电子信息制造业、软件业和广播电视行业的业务量，使用城市中该产业上市公司的数量来代理。第二，产业数字化方面。主要选取数字化渗透水平和数字普惠金融来测算产业数字化水平。借鉴徐维祥等（2022）的研究，数字化渗透水平主要通过计算该城市上市公司的平均数字化转型水平来衡量，使用上市公司年报中数字技术应用、云计算技术、人工智能技术、大数据技术和区块链技术相关关键词出现的频次，再平均汇总到城市层面，得到城市层面的数字化渗透水平。关于数字普惠金融，选择郭峰等（2020）编制的数字普惠金融指数来代理。第三，数字基础设施方面。借鉴赵涛等（2020）、郭丰等（2022）的研究，选取城市移动互联网用户数和城市互联网普及率来测算数字基础设施发展水平。数字经济指标体系构建与选取的说明具体见表4-2。

表4-2 城市数字经济发展水平测度指标体系

一级指标	二级指标	指标说明	指标方向
数字产业化	电信业	人均电信业务总量	正向
	数字产业从业人员	信息传输、计算机服务和软件业从业人员占比	正向
	电子信息制造业	计算机、通信和其他电子设备制造业上市公司数量	正向
	软件业	软件和信息技术服务业上市公司数量	正向
	广播电视业	广播、电视、电影和影视录音制作业上市公司数量	正向
产业数字化	数字化渗透水平	上市公司中数字化应用渗透程度	正向
	数字普惠金融	数字普惠金融使用深度、覆盖广度和数字化程度	正向
数字基础设施	城市移动互联网用户数	每百人移动电话用户数	正向
	城市互联网普及率	每百人互联网宽带接入用户数	正向

本书中采用客观赋权的熵值法对城市数字经济发展三个维度的指标进行计算，从而得到各个城市的数字经济发展水平（*Digital*）。熵值法的计算步骤如下：

首先对数字经济的各个指标数据进行标准化处理，本书中的数字经济衡量指标均为正向指标，标准化的计算方法为：

$$X'_{ij} = (X_{ij} - \min\{X_j\}) / (\max\{X_j\} - \min\{X_j\}) \tag{4.6}$$

计算第i年第j项指标值的比重：

$$Y_{ij} = X'_{ij} / \sum_{i=1}^{m} X'_{ij} \tag{4.7}$$

指标信息熵的计算：

$$e_j = -k \sum_{i=1}^{m} (Y_{ij} \times \ln Y_{ij}), \ 令 \ k = \frac{1}{\ln m}, \ 有 \ 0 \leqslant e_j \leqslant 1 \qquad (4.8)$$

信息熵冗余度和指标权重的计算分别如式（4.9）和式（4.10）所示：

$$d_j = 1 - e_j \qquad (4.9)$$

$$w_i = d_i \Big/ \sum_{j=1}^{n} d_j \qquad (4.10)$$

单指标评价得分和第 i 年的综合水平得分计算分别如式（4.11）和式（4.12）所示：

$$S_{ij} = w_i \times X'_{ij} \qquad (4.11)$$

$$S_i = \sum_{i=1}^{n} S_{ij} \qquad (4.12)$$

式中，X'_{ij} 表示第 i 年第 j 项评价指标的数值，$\min\{X_j\}$ 和 $\max\{X_j\}$ 分别表示所有年份中第 j 项评价指标的最小值和最大值，其中 m 为评价年数，n 为指标数。

（三）控制变量

为了减缓遗漏变量可能带来的偏差，借鉴刘洋和陈晓东（2021）、马晓君等（2022）、白雪洁等（2022）的研究，本书中还控制了影响城市产业链现代化水平的其他变量。经济发展水平（$Pgdp$），以城市人均GDP 的对数值来刻画。工业化程度（$Indus$），使用第二产业增加值的对数值来作为工业化程度的代理变量。金融发展（$Finance$），利用城市年末金融机构贷款余额的对数值来衡量。人口规模（$Scale$），以城市人口总数的对数值来表示人口规模。科技财政支出（$Tech$），计算科学技术预算支出占地方财政预算支出的比重，以此来衡量科技财政支出水平。环境规制（$Regu$），计算地级市政府工作报告中环境保护词汇占政府工作报告总词汇的比重，用环保词频占比来刻画环境规制力度。关于环境规制指标的说明，借鉴陈诗一和陈登科（2018）的做法，收集地级及以上城市2011～2019年政府工作报告，对政府工作报告文本进行分词处理，统计环境相关词汇出现的频次，环境相关的词汇包括污染、环境保护、低碳、减排、生态、排污、绿色、二氧化硫、空气、能耗、保护、二氧化碳、PM2.5、PM10等，计算环境相关词汇数占政府工作报告全文词频总数的比重，以此作为环境规制的代理变量。

（四）作用机制变量

（1）人力资本结构（*Hustru*）。借鉴金环和于立宏（2021）关于度量城市层面人力资本结构的思路和做法，选择各城市普通高等学校大学生人数来作为人力资本结构的代理变量。

（2）技术创新（*Innova*）。发明专利能够较好地刻画城市研发创新产出水平，可以体现城市的实质性创新水平。因此，选取各城市发明专利申请数来刻画城市技术创新。

三、数据来源与说明

本书中选择的是2011～2020年中国十大城市群155个城市的面板数据，最终整理得到1544个样本。数字经济指标中各城市上市公司数量数据来源于CSMAR数据库；上市公司数字化转型指标来源于上市公司历年年报；数字普惠金融指数来源于郭峰等（2020）的研究；数字经济指标构成中其他指标数据来源于2012～2020年《中国城市统计年鉴》。环境规制数据来源于各城市政府工作报告，产业链现代化水平、其余控制变量数据和中介指标中人力资本结构数据来源于2012～2020年《中国城市统计年鉴》和各城市历年统计年鉴，技术创新数据来源于中国研究数据服务平台（CNRDS），公众环境关注度数据来源于百度指数搜索。各个变量的描述性统计见表4-3。

表4-3　　　　　　　　　变量的描述性统计

变量名称	变量符号	样本数	最小值	最大值	均值	标准差
产业链现代化水平	Indval	1544	0.2847	0.6720	0.4273	0.0533
数字经济	Digital	1544	0.0031	0.8319	0.0363	0.0670
经济发展水平	Pgdp	1544	14.6679	19.7740	16.9791	0.8758
工业化程度	Indus	1543	18.6880	23.0743	20.8489	0.8281
金融发展	Finance	1544	4.5131	11.3026	7.6560	1.1903
人口规模	Scale	1544	4.2627	8.1362	6.0970	0.6179
科技财政支出	Tech	1544	0.0844	16.2729	2.2262	1.9420
环境规制	Regu	1544	0.0003	0.0124	0.0034	0.0014
技术创新	Innova	1544	0.0001	1.1895	0.0480	0.1082
人力资本结构	Hustru	1544	0.0010	1.3071	0.1307	0.2056

第二节　实证结果与分析

一、基准回归结果

根据实证计量模型的设定，对数字经济与城市产业链现代化水平的关系进行全面考察。表4-4报告了数字经济影响城市产业链现代化水平的实证估计结果。第（1）列为仅加入数字经济这一核心解释变量后的回归结果，第（2）列为进一步加入时间和城市固定效应后的回归结果，第（3）列和第（4）列为分别在第（1）列和第（2）列的基础上加入控制变量后的回归结果。具体而言，在加入时间固定效应、城市固定效应与所有变量后，由第（4）列的实证结果可知，*Digital* 变量的回归系数为 0.0619，*Digital* 变量的回归系数通过了 1% 显著性水平检验，表明数字经济发展对城市产业链现代化水平具有显著的正向影响。由表 4 - 4 其他列的结果可知，*Digital* 变量的回归系数也依然显著为正，说明核心结论具有较强的稳健性。随着城市数字经济发展水平的不断提升，城市产业链现代化水平逐步提升。

表 4 - 4   数字经济对城市产业链现代化影响的回归结果

变量	（1）	（2）	（3）	（4）
	Indval	*Indval*	*Indval*	*Indval*
Digital	0.4963 *** (0.0397)	0.0782 *** (0.0170)	0.1412 *** (0.0136)	0.0619 *** (0.0178)
Pgdp			0.0524 *** (0.0065)	0.0364 *** (0.0094)
Indus			- 0.0143 *** (0.0049)	- 0.0060 (0.0070)
Finance			0.0088 *** (0.0019)	0.0133 *** (0.0047)
Scale			- 0.0337 *** (0.0018)	- 0.0040 (0.0046)
Tech			0.0038 *** (0.0005)	0.0003 (0.0004)
Regu			- 0.6401 (0.4454)	0.1251 (0.3618)

续表

变量	（1）	（2）	（3）	（4）
	Indval	*Indval*	*Indval*	*Indval*
Cons	0.4093 *** （0.0016）	0.4245 *** （0.0007）	−0.0370 （0.0300）	−0.1465 ** （0.0714）
年份固定效应	否	是	否	是
城市固定效应	否	是	否	是
N	1544	1544	1543	1543
Adj. R^2	0.3884	0.9142	0.7736	0.9205

二、稳健性检验

（一）更换核心解释变量度量方法

在基准回归估计结果中，本书中使用熵值法计算城市数字经济发展水平。指标的测算方法还包括主成分分析法，主成分分析法也属于客观赋权的方法，使用此方法还可对各个维度的数据标准化后进行降维处理。借鉴赵涛等（2020）利用主成分分析法测算城市层面数字经济发展水平的研究，本书中进一步使用主成分分析法来计算城市的数字经济发展水平，以此来验证基准回归结果的稳健性。主成分分析中巴特利球度检验值为0.7338，说明本书中选取的数字经济发展水平指标体系适合用主成分分析法来测度。表4－5第（1）列汇报了使用主成分分析法测度数字经济发展水平的回归结果。可以看出，*Main_Digital* 变量的估计系数显著为正，表明数字经济正向促进了城市产业链现代化水平的提升。

表 4 - 5   稳健性检验结果（一）

变量	(1)	(2)	(3)	(4)
	Indval	*Indval*	*Indval*	*Indval*
Main_Digital	0.0553 *** (0.0134)			
Digital		0.0703 * (0.0390)		
L. Digital			0.0514 *** (0.0197)	
L2. Digital				0.0385 ** (0.0189)
Cons	− 0.1599 ** (0.0713)	− 0.1223 (0.0984)	− 0.1120 (0.0773)	− 0.1340 (0.0828)
控制变量	是	是	是	是
年份固定效应	是	是	是	是
城市固定效应	是	是	是	是
N	1543	925	1386	1232
Adj. R²	0.9210	0.9409	0.9262	0.9346

（二）缩短时间窗口

在整个数据集范围内进行实证检验分析时，通过改变样本的时间窗口，可能会得到不一致的结论。鉴于此，本书中通过缩短时间窗口的方法进行稳健性检验。缩短样本的时间窗口，可以有效排除其他政策对城市产业链现代化水平的影响。在 2015 年及其之后，我国数字经济迅速发展，党琳等（2021）、金环和于立宏（2021）均以 2015 年作为数字经济领域研究的起始年份。因此，将本书的样本时间调整为 2005 ～

2020 年，并重新进行 OLS 回归估计。缩短时间窗口的回归估计结果如表 4 – 5 第（2）列所示。结果显示，*Digital* 变量的回归系数显著为正，核心解释变量数字经济发展水平的符号和显著性未发生明显变化，在缩短样本的时间窗口后，数字经济对城市产业链现代化水平仍然具有显著的正向影响。

（三）滞后效应检验

考虑到数字经济发展可能并非立即对城市产业链现代化水平产生影响，数字经济对城市产业链现代化产生作用也可能有一个时滞效应。为保证基准回归结果的可靠性，本书中将数字经济变量滞后一期和滞后二期进行稳健性检验。表 4 – 5 第（3）列为数字经济滞后一期的估计结果，表 4 – 5 第（4）列为数字经济滞后二期的估计结果。结果显示，*L. Digital* 变量和 *L2. Digital* 变量的回归系数均显著为正，这两个变量的符号方向和显著性水平与基准回归结果无明显差异。在考虑可能存在的滞后影响效应后，数字经济仍然显著提升了城市产业链现代化水平，说明基准回归结果具有较高的可信度。

（四）改变样本容量

为了排除城市级别等因素对实证结果的干扰，本书中主要通过选择子样本的方式来改变样本容量，利用子样本进行稳健性检验。第一，删除四个直辖市样本。直辖市作为省一级的行政单位，在政府财政资金投入、资源集聚和政策倾斜等方面与其他城市存在差异。第二，剔除计划单列市城市。计划单列市在数字经济发展水平、政府补贴、融资利率和资源配置等方面存在差异。利用删除直辖市后的样本重新进行估计，结果见表 4 – 6 第（1）列。利用剔除计划单列市后的样本重新进行估计，结果见表 4 – 6 第（2）列。由表 4 – 6 第（1）列、第（2）列的结果可知，*Digital* 的回归系数显著为正。在剔除直辖市样本以及剔除计划单列市的样本后，数字经济发展对城市产业链现代化水平的影响依然显著为正。这说明，排除城市级别因素可能存在的干扰后，本书的核心结论依然稳健。

表 4 – 6 　　　　　　　　　　　稳健性检验结果（二）

变量	(1)	(2)	(3)	(4)
	Indval	Indval	Indval	Indval
Digital	0. 0701 ** (0. 0318)	0. 0842 ** (0. 0355)	0. 0590 * (0. 0356)	0. 0942 *** (0. 0191)
Cons	– 0. 1410 * (0. 0720)	– 0. 1406 * (0. 0749)	– 0. 1071 (0. 1121)	– 0. 1026 (0. 0710)
控制变量	是	是	是	是
年份固定效应	是	是	是	是
城市固定效应	是	是	是	是
N	1503	1453	1503	1543
Adj. R^2	0. 9076	0. 8925	0. 9174	0. 9201

（五）控制省份—年份联合固定效应

在基准回归中，本书中控制了年份固定效应和城市固定效应。但是，可能还存在随省份和年份变化的一些政策或其他因素对城市产业链现代化的影响。省份层面随时间变化的因素可能会对城市产业链现代化发展产生影响。因此，进一步控制省份—年份联合固定效应，在模型中加入省份与年份交乘的虚拟变量，以控制随省份和年份变化的不可观测因素对实证结果的影响。控制省份—年份联合固定效应后的结果见表 4 – 6 第（3）列。可知，*Digital* 变量的回归系数显著为正。在排除随省份和时间变化的因素对城市产业链现代化的影响后，数字经济仍然提升了城市产业链现代化水平，这进一步强化了本书的核心结论。

（六）控制变量缩尾

由于控制变量中可能存在部分极端值，部分极端值的存在会给实证估计结果带来偏误，为了验证前文核心结论的稳健性，进一步对本书中所有的控制变量进行1%和99%分位上的缩尾处理，减轻可能存在的极端值对实证回归结果的影响。表4-6第（4）列汇报了控制变量在1%和99%分位上缩尾后的回归结果。通过表4-6第（4）列的结果可以看出，*Digital*变量回归系数的符号方向、显著性水平与前文一致，未发生实质性变化，这进一步印证了本书的逻辑，数字经济发展对城市产业链现代化水平具有显著的正向促进作用。在排除可能存在的极端异常值后，本书的核心结论未发生明显变化。

第三节　机制检验

本书中从多个角度验证了数字经济发展可以提升城市产业链现代化水平，那么，数字经济发展赋能城市产业链现代化的具体作用机制包括哪些呢？数字经济发展是否通过人力资本结构和技术创新两条作用渠道提升城市产业链现代化水平？这有待实证检验。

一、人力资本结构

以城市人力资本结构作为被解释变量进行分析，若*Digital*变量的估计系数显著为正，则说明数字经济发展对人力资本结构产生了正向影响。表4-7第（1）列和第（2）列是以人力资本结构作为被解释变量进行实证回归的结果。结果表明，*Digital*变量的回归系数显著为正，表明数字经济发展可以优化人力资本结构。数字经济发展催生了新产业和新业态，对人力资本提出了更高的要求，吸引高质量人才和数字人才的集聚，从而不断优化人力资本结构。随着人力资本结构的不断优化，这给产业链现代化发展提供了更多的人才支持，人力资本还通过"干中学"提升了自身技能，有助于推动产业链现代化水平的提升。由上述分析可知，人力资本结构是数字经济提升城市产业链现代化水平的作用机制。

二、技 术 创 新

以技术创新作为被解释变量进行分析，若*Digital*变量的估计系数显著为正，则说明数字经济发展对技术创新产生了正向影响。表4-7第（3）列和第（4）列以技术创新作为被解释变量进行实证回归的结果。结果表明，*Digital*变量的回归系数显著为正，表明数字经济发展可以提升城市技术创新水平。数字经济发展有利于降低企业交易成本、搜寻成本，有助于缓解企业融资约束，从而给企业研发创新提供更多的资金支持。同时，数字经济发展和数字化转型会加大对高学历人力资本的需求，有助于加快人才向城市和企业集聚。技术创新水平的提升，给产业链现代化发展提供了技术支持，技术创新发展可以有效将产业链上下游衔接起来，提高产业转型发展效率，从而推动产业链现代化水平的提升。由上述分析可知，技术创新是数字经济提升城市产业链现代化水平的作用机制。

表 4-7　　　　　　　　　　　　作用机制检验结果

变量	(1)	(2)	(3)	(4)
	Hustru	*Hustru*	*Innova*	*Innova*
Digital	1.0335 *** (0.0671)	1.3655 *** (0.1696)	0.1811 *** (0.0670)	0.0865 ** (0.0348)
Cons	-0.3829 *** (0.0506)	-0.0139 (0.1338)	0.1242 *** (0.0024)	-0.2089 ** (0.1025)
控制变量	否	是	否	是
年份固定效应	是	是	是	是
城市固定效应	是	是	是	是
N	1543	1543	1544	1543
Adj. R^2	0.8343	0.9209	0.9860	0.9868

第四节　异质性分析

城市区域、城市类型、要素市场配置等方面的差异可能会引导城市根据其自身的现实情况选择不同的路径和方式来推进产业链现代化，进而使得数字经济对不同类型城市产业链现代化的影响可能存在异质性。基于此，本书从城市区域、城市类型、要素市场配置水平 3 个角度对上述异质性影响进行检验。

一、城市区域异质性

由于东部、中部、西部地区在经济发展水平、要素禀赋、数字基础设施、数字经济发展水平等方面都存在诸多差异，数字经济对不同区域产业链现代化的作用效果可能有所不同。针对这一问题，根据城市所在地将城市划分为东部地区、中部地区和西部地区，据此分别进行回归①。表4-8汇报了数字经济对不同地区产业链现代化影响的分组回归结果。由表4-8第（1）列和第（2）列的结果可知，*Digital* 变量的回归系数均显著为正，表明数字经济发展显著促进了东部地区产业链现代化水平的提升，数字经济发展成为赋能东部地区产业链现代化的重要动力。由第（3）列和第（4）列的结果可知，*Digital* 变量的回归系数为负但不显著，由第（5）列和第（6）列的结果可知，*Digital* 变量的回归系数为正但不显著。由此可知，数字经济发展未能显著促进中部地区和西部地区产业链现代化水平的提升。

可能的原因是，一方面，东部地区经济发展起步早，产业结构合理化和高级化水平相对较高，要素禀赋优势明显，形成了有利于产业链现代化发展的政策、要素环境。数字经济赋能产业链现代化发展需要足够多的用户基数和资本投入，数字资源作为核心生产要素，需要达到一定程度才具有规模效应，东部地区数字经济发展更具规模，更能产生规模效应以助推产业链现代化发展。另一方面，中西部地区数字基础设施较为薄弱，网络速度较慢，数字经济发展水平相对较低。中西部地区在人力资本积累和技术创新方面不具有明显的优势，这不利于提升中西部地区产业链现代化水平。

---

① 根据国家统计局关于经济地带的划分标准，东部地区包括：北京市、天津市、河北省、辽宁省、上海市、江苏省、浙江省、福建省、山东省和海南省；中部地区包括：山西省、吉林省、黑龙江省、安徽省、江西省、河南省、湖北省和湖南省；西部地区包括：内蒙古自治区、广西壮族自治区、重庆市、四川省、贵州省、云南省、西藏自治区、陕西省、甘肃省、青海省、宁夏回族自治区和新疆维吾尔自治区。

表4-8　　　　　　　　　　　　　　区域异质性估计结果

变量	(1) Indval 东部地区	(2) Indval 东部地区	(3) Indval 中部地区	(4) Indval 中部地区	(5) Indval 西部地区	(6) Indval 西部地区
Digital	0.0924 *** (0.0214)	0.0956 *** (0.0207)	−0.0038 (0.0720)	−0.0094 (0.0720)	0.0113 (0.0744)	0.0733 (0.0703)
Cons	−0.1206 * (0.0729)	−0.0006 (0.0976)	−0.3549 *** (0.1255)	−0.2124 (0.1480)	0.0867 (0.1415)	0.0831 (0.1993)
控制变量	是	是	是	是	是	是
年份固定效应	否	是	否	是	否	是
城市固定效应	是	是	是	是	是	是
N	739	739	588	588	216	216
Adj. R^2	0.9372	0.9391	0.8040	0.8080	0.9145	0.9210

二、城市类型异质性

资源型城市经济增长过度依赖于丰富自然资源的投入，可能会挤出其他类型的生产活动，导致产业结构单一等问题，面临着"资源诅咒"的困境，产业链现代化转型存在诸多困难。数字经济对不同城市类型产业链现代化的作用效果可能有所不同。鉴于此，根据《全国资源型城市可持续发展规划（2013-2020年)》，将样本划分为资源型城市和非资源型城市两类，据此分别进行回归。表4-9汇报了数字经济对不同城市类型产业链现代化影响的分组回归结果。

由表4-9第（1）列和第（2）列的结果可知，Digital变量的回归系数均显著为正，表明数字经济发展显著促进了非资源型城市产业链现代化水平。由第（3）列和第（4）列的结果可知，Digital变量的回归系数为负但不显著，数字经济发展未能显著促进资源型城市产业链现代化水平。一方面，资源型城市产业结构比较单一，产业结构不合理，资源型城市人才和财政资金缺乏，对产业链现代化发展的投入不足，产业链现代化转型困难。另一方面，数字经济和数字技术在这些城市的应用水平相对较低，其与产业的融合发展水平较低，资源型城市数字产业化和产业数字化转型较为缓慢，诸多因素的差异导致数字经济发展未能显著促进资源型城市产业链现代化发展。

表4-9 城市类型异质性估计结果

变量	（1） Indval 非资源型城市	（2） Indval 非资源型城市	（3） Indval 资源型城市	（4） Indval 资源型城市
Digital	0.0696 *** （0.0190）	0.0793 *** （0.0185）	−0.0387 （0.1845）	−0.2326 （0.1748）
Cons	−0.1928 ** （0.0792）	−0.1384 （0.1033）	−0.2127 （0.1486）	−0.0789 （0.1650）
控制变量	是	是	是	是
年份固定效应	否	是	否	是
城市固定效应	是	是	是	是
N	1036	1036	507	507
Adj. R^2	0.9233	0.9249	0.8298	0.8347

三、要素市场配置水平异质性

要素市场发育差异可能会导致数字经济对城市产业链现代化发展的影响产生差异化效果。使用樊纲等编制的市场化指数中要素市场发育程度来刻画要素市场配置水平。基于此，根据要素市场配置水平的中位数将城市划分为要素市场配置较高和要素市场配置较低两组，检验不同要素市场配置水平下数字经济对城市产业链现代化的作用效果，据此分别进行回归。表4-10汇报了不同要素市场配置水平下数字经济对城市产业链现代化影响的分组回归结果。

由表4-10第（1）列和第（2）列的结果可知，*Digital* 变量的回归系数均显著为正，表明数字经济发展显著促进了要素市场配置水平较高城市的产业链现代化水平。由第（3）列和第（4）列的结果可知，*Digital* 变量的回归系数为负但不显著，数字经济发展未能显著促进要素市场配置水平较低城市的产业链现代化水平。城市要素市场配置水平越高，政府对要素配置的直接干预就相对较少，产业链上下游各种要素资源的配置效率也更高，数据要素、人才和资金等才能得到较好的优化配置和充分使用，这可以提高产业链运行效率，加快产业链现代化发展。在要素市场配置水平较低的城市，一方面，政府对产业链上下游要素资源配置的干预较大，这可能造成人才、资本、数据要素的扭曲，进而使得人力资本、资本和数据要素的供给不足。另一方面，要素配置水平较低的城市中，其行业的垄断水平往往较高，这就容易造成要素市场处于分割状态，这不利于推动产业链现代化发展。

表4-10 要素市场配置水平异质性估计结果

变量	(1) *Indval* 要素市场配置 水平较高	(2) *Indval* 要素市场配置 水平较高	(3) *Indval* 要素市场配置 水平较低	(4) *Indval* 要素市场配置 水平较低
Digital	0.0699 *** (0.0218)	0.0804 *** (0.0205)	-0.0071 (0.0718)	-0.0022 (0.0747)
Cons	-0.1892 ** (0.0814)	-0.0810 (0.1088)	-0.2755 *** (0.1014)	-0.2417 ** (0.1187)

续表

变量	(1)	(2)	(3)	(4)
	Indval	*Indval*	*Indval*	*Indval*
	要素市场配置 水平较高	要素市场配置 水平较高	要素市场配置 水平较低	要素市场配置 水平较低
控制变量	是	是	是	是
年份固定效应	否	是	否	是
城市固定效应	是	是	是	是
N	731	731	781	781
Adj. R^2	0.9319	0.9355	0.8560	0.8572

第五节 政策建议

结合本节的研究结论，提出以下政策建议。

第一，完善数字基础设施建设，加快数字经济与城市群产业链现代化的融合发展。本节的实证研究发现，数字经济发展有助于提升城市群产业链现代化水平。首先，应加快长三角城市群、京津冀城市群和珠三角城市群的 5G 基站建设，加快建设大数据中心，优化升级光纤宽带网络，积极构建人工智能、区块链和大数据中心等，提升城市群数字基础设施支撑能力。其次，加强城市群数字经济发展战略的顶层设计，加大对企业数字化转型的财政资金投入，提升城市群数字技术在产业链现代化中的运用，引导制造业企业数字化升级与改造，推动城市群产业链发展的数字化和智能化，助力城市群产业数字化发展。同时，借助数字经济发展带来的信息技术制造业、大数据产业等新产业的涌现和发展，加快城市群数字产业化发展。最后，强化城市群数字技术产业的战略布局，补齐产业基础能力短板，尤其应补齐城市群产业链条上关键基础材料和产业技术基础等短板，不断提升城市群产业链现代化水平，打造自主可靠的数字产业链。

第二，优化城市群人力资本结构，加快城市群创新发展。首先，设置数字经济专业，培养数字经济专业人才。城市群各大高校应广泛开设数字经济相关专业，培养数字经济专业人才、具有数字化素养的跨学科人才和具有数字化应用能力的复合型人才，为城市群产业链现代化发展提供数字技术和数字化人才，加快促进数字技术在城市群产业链现代化中的应用，形成数字化人才支撑城市群产业链现代化发展的良性循环。同时，应加大对城市群人力资本的投资，引导教育机构开展数字经济和数字化转型技术培训，提高城市群人才的数字知识水平和数字化技术。其次，重视技术创新对城市群产业链现代化的促进作用，加大对城市群创新研发人才和资金的投入，攻关一批"卡脖子"技术，打造一批创新竞争能力强以及对城市群产业链现代化具有引领作用的新兴创新主体，加快城市群原始创新发展，激发城市创新主体对城市群产业链现代化的创新效能。

第三，因地制宜制订数字经济发展战略，发挥数字经济对中西部城市群、资源型城市产业链现代化的提升效应。首先，应该结合成渝城市群、长江中游城市群、中原城市群和关中城市群的产业结构现状、资源禀赋特征、经济发展水平等具体情况，制订适合成渝城市群、长江中游城市群、中原城市群和关中城市群发展的数字经济发展战略。成渝城市群、长江中游城市群、中原城市群和关中城市群数字基础设施不够完善，数字经济发展缓慢，应加大成渝城市群、长江中游城市群、中原城市群和关中城市群工业互联网、区块链和数据中心等数字基础设施建设力度，加快东数西算工程建设，给成渝城市群、长江中游城市群、中原城市群和关中城市群数据发展和算法发展提供基础设施条件，从而加快渝城市群、长江中游城市群、中原城市群和关中城市群数字经济的发展，缩小区域间数字经济发展差距，助推中西部城市群产业链现代化发展。其次，资源型城市的发展依赖矿产资源等产业，产业结构单一，产业转型面临着诸多困境。政府在人才引进和创新发展等方面应向城市群中的资源型城市倾斜，积极引进一批数字经济专业人才，整合创新资源并引导创新要素向资源型城市集聚，从而为资源型城市转型发展提供人才和创新基础。同时，资源型城市产业多以高耗能、高污染产业为主，这不利于整个城市群产业链现代化发展，应加大对低碳产业的投资，扩大低碳产业规模，从而赋能整个城市群产业链现代化发展。

第六节　本章小结

本章论述了数字经济在国家发展战略中的重要性，对数字经济与城市群产业链现代化发展的关系提供了相关的实证研究。首先，本书中构建了城市数字经济发展水平指标体系，利用熵值法对城市群数字经济发展水平进行了测度。其次，基于中国十大城市群 2011～2020 年相关数据，实证检验了数字经济发展对城市群产业链现代化水平的影响。最后，考察了数字经济赋能城市群产业链现代化发展的作用机制，并对其中的异质性进行了分析。研究发现，第一，数字经济发展对城市群产业链现代化水平存在显著正向影响，这一结论在经过更换核心解释变量度量方法、缩短时间窗口、改变样本容量的稳健性检验后依然成立。第二，机制分析发现，数字经济发展有助于优化城市人力资本结构和提升技术创新水平，从而提升城市群产业链现代化水平。第三，数字经济发展显著提升了东部地区、非资源型城市和要素市场水平较高城市群的产业链现代化水平，未能显著提升西部地区、资源型城市和要素市场配置水平较低城市群的产业链现代化水平。

第五章

绿色金融对中国城市群产业链
现代化的影响研究

在新发展格局下，提升产业基础能力和产业链现代化水平，是提升韧性、打通国民经济循环堵点的关键。以城市群作为核心平台，协同推进城市群高质量发展与产业链现代化水平提升，可以助力新发展格局构建、推动经济体系优化升级、促进区域经济协调发展。而绿色金融是新发展理念下的金融实践，是传统金融功能的延伸，可以拓宽金融服务的范围。研究如何通过绿色金融调动更多资源来加快产业结构升级、产业协同集聚、产业融合发展、产业技术创新以及产业公共服务升级以提升产业链现代化水平，具有极其重要的战略意义。

纵观现有文献，虽然在绿色金融对产业升级的影响方面已有很多研究，但有关通过绿色金融来加快提升产业链现代化水平的研究仍不成熟，对如何通过绿色金融来提升产业链现代化水平，其动力机制、基础制约及突破路径的研究亟须厘清和深化。此外，已有文献中对产业链现代化的测度仅从细分维度阐释，缺乏从城市群以及区域异质性角度的研究和分析，而如何进行产业链现代化水平的测度指标建构与测度是实现产业高质量发展的有力支撑。

本章试图从城市群的相关面板数据出发，突破上述局限，探究绿色金融对中国城市群产业链现代化发展的影响，揭示其内在契合逻辑，综合运用空间计量相关实证方法定量测算绿色金融对产业链现代化及其子系统的影响效应，并借助 ArcGIS 工具以可视化的地图形式进行空间识别和制图以剖析其空间相关性，最后提出相应对策建议。

第一节　变量选取与说明

一、变量选取

本章的被解释变量为城市群产业链现代化水平及其子维度指标，包括产业结构优化、产业协同集聚、产业公共服务升级、产业绿色化以及产业创新化。对于绿色金融的测度，大部分学者通常从全国和省际层面对绿色金融的运行状况进行定性和定量评估，构建一个包括绿色信贷、绿色证券、绿色投资、绿色保险、碳金融多个维度在内的综合性的绿色金融评价指标体系。绿色信贷包含绿色信贷余额（何凌云，2018）、绿色信贷规模占比（曾学文，2014）等，而本章借鉴张莉莉（2018）的测度方法，以环保类企业中长期贷款及其占各地区金融机构贷款余额的比重作为正向指标。绿色证券包含环保企业发债规模占比（张莉莉，2018）、绿色基金发行认购额和绿色债券发行额（董晓红，2018）等，本章选取地级市上市环保企业数量及其市值、债券实际发行量来衡量绿色证券水平。对于绿色投资，参考杨阳（2017）的研究，将节能环保公共支出占比作为对其的评价指标，此外，添加科学技术支出比重指标一起测度地区绿色投资水平。对于碳金融（Kaile Zhou，2019；李晓西，2015；董晓红，2018）及绿色保险（Chen，2021；傅亚平，2020），也有部分学者将其用于测算绿色金融水平，但由于数据披露不完善，本章暂时不考虑这两项指标。

此外，结合中国城市群产业链现代化的实际情况，将以人均 GDP 为代表的经济发展水平、人力资本水平、政府行为、研发创新投入、金融发展水平、外商直接投资作为其他控制变量予以考虑。各变量的定义及计算方法如表 5－1 所示。

表 5－1   变量定义和描述

类型	变量	评价指标体系		计算方法
被解释变量	产业链现代化	见表 5－2		见表 5－2
核心解释变量	绿色金融	绿色信贷	绿色信贷额	环保企业短中长期贷款之和（万元）
			绿色信贷占地区总信贷比重	各地区环保企业短中长期贷款之和/各地区金融机构贷款余额（%）
		绿色证券	上市环保企业数量	各地区上市环保企业数量（个）
			上市环保企业市值	各地区上市环保企业市值（万元）
			债券实际发行量	各地区债券实际发行量（万元）
		绿色投资	节能环保占公共支出比重	节能环保财政支出/财政支出总额（%）
			科学技术支出比重	科学技术支出/财政支出总额（%）
控制变量	经济发展水平			人均 GDP（元）
	人力资本水平			每万人普通高校在校学生数（人）
	政府行为			一般财政支出/GDP（%）

类型	变量	评价指标体系	计算方法
控制变量	研发创新投入		R&D 经费内部支出/GDP（%）
	金融发展水平		金融业增加值/第三产业增加值（%）
	外商直接投资		当年实际使用外资金额（万美元）

二、数据来源

本章选取了十大城市群 156 个地级市 2010~2020 年的面板数据，作为评价分析绿色金融及产业链现代化的样本。关于绿色金融的数据来源于锐思数据库、CSMAR 数据库以及各城市的统计年鉴或统计公报。本章中关于产业链的相关指标数据来源包括 EPS 数据库、《中国城市统计年鉴》（2011~2021 年）、《中国城市建设统计年鉴》（2011~2021 年）、《中国能源统计年鉴》（2011~2021 年）、《中国环境统计年鉴》（2011~2021 年）以及相关省市的统计年鉴和统计公报。此外，个别城市区域存在的局限性以及未完全统计等客观原因导致了少量数据的缺失，根据其样本属性采用移动平均法来进行数据补充处理。

第二节　计量模型设定

一、基准回归模型

本章选取了中国十大城市群绿色金融与产业链现代化 2010~2020 年的数据，为了检验绿色金融对产业链现代化影响机理，模型设定如下：

$$CYL_{it} = \beta_0 + \beta_1 GF_{it} + \sum_{k=1}^{k=6} \alpha_k Control_{it} + u_i + \varepsilon_{it} \tag{5.1}$$

式中，CYL_{it}是 i 地区 t 年的产业链现代化水平综合指数，包含产业结构优化指数、产业协同集聚指数、产业创新化指数、产业公共服务升级指数、产业绿色化指数；GF_{it}是 i 地区 t 年的绿色金融水平；$Control_{it}$ 为 6 个控制变量，即经济发展水平、人力资本水平、政府行为、研发创新投入、金融发展水平、外商直接投资；α_k 为控制变量的系数；u_i 和 ε_{it} 分别为无法观测的个体效应和残差项。

二、全局空间自相关检验

本章中采用 Moran's I 指数进行全局空间自相关检验，具体计算公式如下：

$$Moran's\ I = \frac{n \sum_{i=1}^{n} \sum_{j=1}^{n} w_{ij}(x_i - \bar{x})(x_j - \bar{x})}{\sum_{i=1}^{n} \sum_{j=1}^{n} w_{ij} \sum_{i=1}^{n} (x_i - \bar{x})^2} = \frac{\sum_{i=1}^{n} \sum_{j=1}^{n} w_{ij}(x_i - \bar{x})(x_j - \bar{x})}{s^2 \sum_{i=1}^{n} \sum_{j=1}^{n} w_{ij}}$$

$$\tag{5.2}$$

式中，n 为地区总数，w_{ij} 为空间权重矩阵的第 i 行第 j 列元素，属性均值 $\bar{x} = \frac{1}{n} \sum_{i=1}^{n} X_i$，方差 $S^2 = \frac{1}{n} \sum_{i=1}^{n} (x_i - \bar{x})^2$。

$$VAR(Moran's\ I) = \frac{n^2 w_1 + n w_2 + 3 w_0^2}{w_0^2(n^2 - 1)} - E_n^2(Moran's\ I) \tag{5.3}$$

$$E(Moran's\ I) = -\frac{1}{N - 1} \tag{5.4}$$

式中，$w_0 = \sum_{i=1}^{n} \sum_{j=1}^{n} w_{ij}$，$w_1 = \frac{1}{2} \sum_{i=1}^{n} \sum_{j=1}^{n} (w_{ij} + w_{ji})^2$，$w_2 = \sum_{i=1}^{n} (w_i + w \cdot j)^2$。

$$Z(d) = \frac{Moran's\ I - E(Moran's\ I)}{\sqrt{VAR(Moran's\ I)}} \qquad (5.5)$$

计算所得的 Moran's I 指数值落在 [− 1，1] 区间，如果测得的 Moran's I 指数大于 0，则说明变量存在正向的空间自相关关系，区域绿色金融发展水平或产业链现代化发展水平相似的城市相互集聚，值越大说明空间集聚现象越显著；当所测得的 Moran's I 指数小于 0，表示区域绿色金融发展水平或产业链现代化发展水平相异的城市相互集聚；Moran's I 指数等于 0，表示各城市经济产业不存在空间上的依存关系。

三、空间杜宾模型（SDM）

空间杜宾模型是空间滞后模型和空间误差模型的组合形式，考虑了自变量的空间相关性，反映了区域内解释变量和被解释变量对相邻地区的影响，模型设定为：

$$CYL_{it} = \alpha_0 + \beta_1 GF_{it} + \sum_{k=2}^{k=7} \beta_k Control_{it} + \rho W_{ij} CYL_{it} + \theta_1 W_{ij} GF_{it}$$

$$+ \sum_{k=2}^{k=7} \theta_k W_{ij} Control_{it} + u_i + v_t + \varepsilon_{it} \qquad (5.6)$$

式中，下标 i、j 表示城市，t 表示年份；CYL_{it} 代表 i 城市在 t 年的产业链现代化水平；GF_{it} 表示 i 城市在 t 年的绿色金融水平；$Control_{it}$ 为 6 个控制变量；β_i 表示各变量对本地产业链现代化影响的回归系数；θ_i 反映的是绿色金融水平对邻近地区产业链现代化水平影响的回归系数；W_{ij} 为空间权重矩阵；ρ 表示相邻地区产业链现代化水平对本地产业链现代化水平的影响，是空间滞后项系数；α_0 是常数项；v_t 表示时间固定效应；u_i 是个体固定效应；ε_{it} 为随机干扰性。

四、空间权重矩阵

空间权重矩阵表达了空间单元之间的空间依赖性特征。在本章中，根据城市之间是否相邻来建立空间权重矩阵（Moscone et al.，2007；Revelli，2006）：当地区 i 与地区 j 拥有共同边界，W_{ij} 为 1；当地区 i 与地区 j 无共同边界或者 $i = j$，W_{ij} 为 0。

第三节　指标选取与数据描述

一、产业链现代化指标选取

本章中参照部分学者的研究，从产业结构优化、产业协同集聚、产业创新化、产业公共服务升级以及产业绿色化 5 个方面构建了城市群产业链现代化评价指标体系，指标体系构建与第四章中内容相同，详见表 4-1。

二、时空极差熵权法

本章借鉴毛冰（2022）、张友国（2020）的做法，采用时空极差熵权法分别对十大城市群绿色金融、产业链现代化的相关指标进行权重赋值，得到各指标权重结果，再采用集中求和的方式得到绿色金融、产业链现代化水平综合指数。该指数值越大，说明绿色金融、产业链现代化发展水平越高，反之则越低。假设一个指标体系中有 I 个指标，涉及了

m 个评价对象，时间跨度为 n，则指标体系可表示为 $X_i(i = 1, 2, 3, \cdots, I)$。其中，指标 X_i 在第 r 期的取值可表示为 $x_{ijr}(j = 1, 2, 3, \cdots, m)$。$y_{ijr}$ 表示的是 x_{ijr} 经过标准化处理后的数值，D_i 表示各指标的信息熵，W_i 表示指标 X_i 的权重。最后，用各指标标准化值乘以相应权重，就可以得到样本的综合指数（G）。具体公式如下：

如果 X_i 为正向指标：

$$y_{ijr} = \frac{x_{ijr} - \min(x_{ijr})}{\max(x_{ijr}) - \min(x_{ijr})} \tag{5.7}$$

如果 X_i 为负向指标：

$$y_{ijr} = \frac{\max(x_{ijr}) - x_{ijr}}{\max(x_{ijr}) - \min(x_{ijr})} \tag{5.8}$$

$$D_i = -\ln(nm)^{-1} \sum_j \sum_r f_{ijr} \ln(f_{ijr}) \tag{5.9}$$

$$W_i = \frac{1 - D_i}{I - \sum_i D_i} \tag{5.10}$$

$$G = y_{ijr} \times W_i \tag{5.11}$$

式中，$f_{ijr} = \dfrac{y_{ijr}}{\sum_j \sum_r y_{ijr}}$。如果 $f_{ijr} = 0$，则定义 $f_{ijr} \ln(f_{ijr}) = 0$。

三、数 据 描 述

相关变量的描述性统计如表 5 - 2 所示。考虑到变量之间的显著相关性，使用相关系数分析和方差膨胀因子（VIF）来检查潜在的多重共线性。如表 5 - 3 所示，借鉴克拉默（Krammer，2010）和苏罗卡等（Surroca et al.，2013）的判断方法，所有变量之间的相关系数 < 0.85，VIF < 10，可以表明数据不存在严重的多重共线性，多重共线性问题不

会影响估计结果的准确性。

表 5 - 2 各变量的统计特征

变量	观测值	均值	标准差	最小值	最大值
产业链现代化	1716	0.42419	0.0540837	0.2689554	0.6719691
绿色金融水平	1716	0.0648048	0.0553694	0.006941	0.7219524
绿色信贷	1716	0.0126027	0.0211905	0	0.213796
绿色证券	1716	0.00727	0.0256217	0	0.4286394
绿色投资	1716	0.0449321	0.0237168	0.0028237	0.1822094
经济发展水平	1716	58982.48	36160.45	9068	467749
人力资本水平	1716	213.3962	250.8185	1	1270.424
政府行为	1716	0.1918934	0.1510408	0.059068	2.175113
研发创新投入	1716	0.0169279	0.0135782	0.0003113	0.1411091
金融发展水平	1716	0.1132468	0.0470742	0.0124888	0.5107918
外商直接投资	1716	145494.5	273032.9	511	3082563

表 5 - 3 相关分析和方差膨胀因子

变量	绿色信贷	绿色证券	绿色投资	经济发展水平	人力资本水平	政府行为	研发创新投入	金融发展水平	外商直接投资
绿色信贷	1								
绿色证券	0.6578	1							
绿色投资	0.2894	0.323	1						
经济发展水平	0.3387	0.4274	0.5352	1					
人力资本水平	0.2293	0.2564	0.3374	0.5059	1				
政府行为	-0.0708	-0.0377	-0.1414	-0.2341	-0.1816	1			
研发创新投入	0.3811	0.3714	0.3645	0.4649	0.3147	0.2105	1		
金融发展水平	0.2795	0.3923	0.3117	0.4174	0.3876	0.0406	0.2986	1	
外商直接投资	0.3841	0.6358	0.3159	0.5077	0.4481	-0.0932	0.351	0.4413	1
VIF	1.89	2.64	1.48	2.18	1.55	1.30	1.67	1.44	2.12

第四节　实证检验与结果分析

本章将采用基准回归模型、空间计量模型，对绿色金融对中国城市群产业链现代化的影响效应进行定量分析，探究两者的空间相关性以及前者对后者的空间溢出效应。与此同时，由前文测度分析可知，城市群之间的金融发展水平和产业链现代化发展水平差异较大，为了更好地比较分析城市群之间，以及各城市群内部的绿色金融发展与产业链现代化的空间相关性及空间溢出效应，本章将分别对长三角城市群、粤港澳大湾区、京津冀城市群、长中游城市群、成渝城市群、海峡西岸城市群、中原城市群、辽中南城市群进行空间实证检验，而关中平原及山东半岛城市群由于城市数量较少，暂不单独进行实证分析。

一、基准回归分析

首先进行绿色金融对产业链现代化的基准回归，接着从产业结构优化、产业协同集聚、产业创新化、产业公共服务升级、产业绿色化5个层面就绿色金融对产业链现代化的影响路径进行进一步的探究。

表5-4报告了绿色金融对产业链现代化的回归结果。结果表明，绿色金融对产业链现代化有显著影响，增加1个单位的绿色金融发展水平会增加0.172个单位的产业链现代化发展水平。而绿色金融促进产业链现代化的原因主要有：首先，绿色金融通过绿色证券、绿色信

贷以及绿色投资，引导资金、劳动、技术等资源更多地流向高效率、高科技的创新企业，为企业新技术的研发推广提供支持，从而有利于促进企业创新的形成，进一步实现产业科技创新，推动产业链现代化水平。其次，绿色金融可以引导企业更加关注环境效应和社会影响，释放绿色红利，从而提高生产力，鼓励金融资源跨地区和跨行业流通，促进产业协同，从而推动产业链现代化水平。最后，相关金融机构可以利用资金支持，倒逼企业调整产业结构，推动产业结构进一步合理化、高级化。

表 5 – 4 　　　　　　　　　　　基准回归结果

变量	产业链现代化	产业结构优化	产业协同集聚	产业创新化	产业公共服务升级	产业绿色化
绿色金融	0.172016 *** (0.0179899)	0.0493102 *** (0.00548)	0.03522 *** (0.0076164)	0.11241479 *** (0.0061102)	0.0077711 (0.0070288)	– 0.0327031 *** (0.0104137)
经济发展水平	6.49e – 07 *** (2.84e – 08)	9.97e – 08 *** (8.66e – 09)	1.08e – 07 *** (1.20e – 08)	4.19e – 08 *** (9.65e – 09)	2.33e – 07 *** (1.11e – 08)	1.67e – 07 *** (1.65e – 08)
人力资本水平	0.0000127 *** (3.56e – 06)	9.29e – 06 *** (1.07e – 06)	9.95e – 06 *** (1.49e – 06)	– 7.96e – 06 *** (1.20e – 06)	– 1.46e – 07 (1.38e – 06)	1.58e – 06 (2.04e – 06)
政府行为	– 0.0334408 *** (0.0053993)	0.0007305 (0.0016447)	– 0.0171712 *** (0.0022859)	– 0.0065877 *** (0.0018339)	0.0026296 (0.0021096)	– 0.013042 *** (0.0031255)
研发创新投入	0.5206544 *** (0.0679511)	0.0458898 ** (0.0206989)	0.2565162 *** (0.0287685)	0.0529822 ** (0.0230795)	0.0938583 *** (0.026549)	0.0714078 * (0.0393343)
金融发展水平	0.1021638 *** (0.0182697)	0.0179179 *** (0.0055652)	0.0133541 * (0.0077348)	0.025834 *** (0.0062053)	0.0194834 *** (0.0071381)	0.0255743 ** (0.0105756)

变量	产业链现代化	产业结构优化	产业协同集聚	产业创新化	产业公共服务升级	产业绿色化
外商直接投资	3.21e-08 *** (3.50e-09)	6.53e-09 *** (1.07e-09)	8.61e-09 *** (1.48e-09)	2.32e-08 *** (1.19e-09)	-9.05e-09 *** (1.37e-09)	2.83e-09 (2.03e-09)
常数项	0.3533891 *** (0.0022902)	0.0159424 *** (0.0006976)	0.0398169 *** (0.0009696)	0.0186771 *** (0.0007779)	0.0394295 *** (0.0008948)	0.2395233 *** (0.0013257)

注：（ ）里的值为对应的标准误，*、**、*** 分别表示检验结果在10%、5%、1%的水平下显著。

从5个分维度来看，绿色金融对产业结构优化、产业协同集聚、产业创新化均有显著的正效应，增加1个单位的绿色金融发展水平，产业结构优化、产业协同集聚、产业创新化分别会增加0.049个、0.035个、0.112个单位。可以发现，绿色金融对产业创新化的影响最大，其次为产业结构优化。而回归结果显示，绿色金融对产业公共服务升级的影响不显著，对产业绿色化存在负向影响。

二、空间自相关结果分析

空间相关性检验是空间计量的前提条件，主要对各变量进行空间依赖性检验，包括全局空间自相关检验和局域空间相关检验。

表5-5列出了城市群整体产业链现代化、绿色金融的全局 Moran's I 指数，用来显示空间自相关的结果，从2010～2020年，绿色金融与产业链现代化的 Moran's I 值一直保持正值。相关结果表明，城市群产业链现代化水平与绿色金融都具有空间集聚趋势，并且随着时间的推移，空间集聚趋势呈波浪式变化。

图5-1和图5-2所示的莫兰散点图描绘了2010年和2020年城市

群产业链现代化水平的分布动态，图 5 - 3 和图 5 - 4 所示的莫兰散点图描绘了 2010 年和 2020 年绿色金融水平的分布动态。整体来说，大部分城市集中在左下象限（LL）和右上象限（HH），这表示绿色金融与城市群产业链现代化水平均存在显著的局部空间集聚效应。产业链现代化水平较高的城市与其他高值城市聚集在一起，较低水平的城市与其他低值城市接近，绿色金融亦是如此，因而要更好地发挥"涓流效应"，应让高集聚水平的城市带动周围城市的发展，从而实现城市群的现代化。

表 5 - 5　　　　　　城市群整体空间自相关检验结果（2010~2020 年）

变量	2010 年	2011 年	2012 年	2013 年	2014 年	2015 年	2016 年	2017 年	2018 年	2019 年	2020 年
产业链现代化	0.380 ***	0.349 ***	0.359 ***	0.348 ***	0.353 ***	0.358 ***	0.368 ***	0.357 ***	0.381 ***	0.360 ***	0.361 ***
绿色金融	0.085 **	0.087 **	0.082 **	0.112 ***	0.121 ***	0.142 ***	0.102 **	0.133 ***	0.120 ***	0.102 ***	0.058 *

注：*、**、***分别表示检验结果在 10%、5%、1% 的水平下显著。

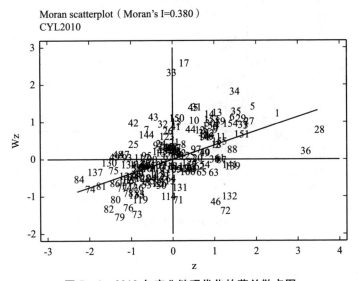

图 5 - 1　2010 年产业链现代化的莫兰散点图

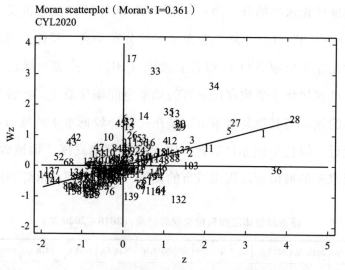

图 5-2　2020 年产业链现代化的莫兰散点图

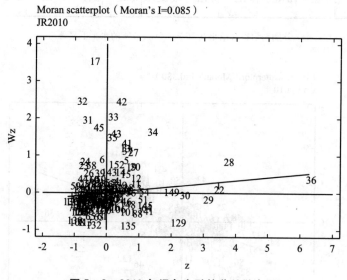

图 5-3　2010 年绿色金融的莫兰散点图

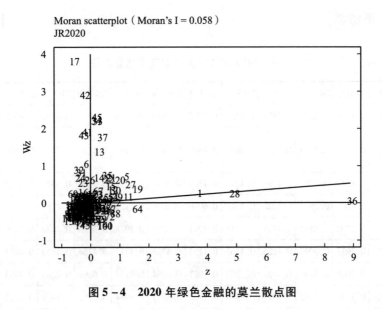

图 5 - 4　2020 年绿色金融的莫兰散点图

三、产业链现代化及绿色金融的时空演化特征

(一) 产业链现代化

2010 年以来，各城市群产业链现代化水平总体上都呈上升趋势 (见表 5 - 6)，但差异比较明显。其中成渝城市群产业链现代化水平增长速度最快，为 24.62%；其次为中原城市群，增长速度达到 17.98%；辽中南城市群增长速度最慢，为 5.26%；再次为山东半岛城市群，增长速度达到 7.48%。成渝城市群产业链现代化水平增速明显，这主要得益于国家对成渝地区产业链现代化的重视，以及成渝地区双城经济圈协同发展有力地推动其向深层次发展。就 2010～2020 年各城市群产业链水平平均值来看，粤港澳大湾区均值为 0.502，最高；而成渝城市群最低，为 0.383。两大城市群差异较明显，进一步说明了地区产业链现代化发

展存在不协调。

表 5-6　　　　　　　　2010~2020 年城市群产业链现代化水平

城市群	2010 年	2011 年	2012 年	2013 年	2014 年	2015 年	2016 年	2017 年	2018 年	2019 年	2020 年
长三角	0.4268	0.4340	0.4458	0.4442	0.4492	0.4553	0.4619	0.4633	0.4751	0.4830	0.4906
粤港澳大湾区	0.4580	0.4719	0.4835	0.4885	0.4979	0.5041	0.4997	0.5136	0.5273	0.5340	0.5400
京津冀	0.4282	0.4282	0.4294	0.4272	0.4384	0.4467	0.4532	0.4501	0.4622	0.4597	0.4643
长中游	0.3800	0.3863	0.4022	0.4017	0.4056	0.4035	0.4125	0.4115	0.4284	0.4355	0.4439
成渝	0.3330	0.3533	0.3705	0.3758	0.3791	0.3852	0.3928	0.3973	0.4020	0.4100	0.4150
海峡西岸	0.3957	0.3993	0.4125	0.4161	0.4195	0.4251	0.4313	0.4284	0.4430	0.4482	0.4477
中原	0.3688	0.3737	0.3791	0.3902	0.3991	0.4054	0.4124	0.4061	0.4263	0.4335	0.4351
关中平原	0.3528	0.3752	0.3915	0.3843	0.3902	0.3911	0.3984	0.3952	0.3965	0.4022	0.4100
辽中南	0.3935	0.3965	0.4008	0.4034	0.3992	0.4002	0.4036	0.4041	0.4198	0.4109	0.4142
山东半岛	0.4414	0.4518	0.4593	0.4590	0.4671	0.4627	0.4702	0.4682	0.4720	0.4733	0.4744

从 156 个地级市来看，2020 年，产业链现代化水平平均值为 0.4524，丹东产业链现代化水平最低，为 0.3482，深圳的最高，达到 0.6720。产业链现代化超过平均水平的有 66 个城市，在 0.3482~0.4053 之间的有 22 个地级市；在 0.4054~0.4567 之间的有 72 个城市；在 0.4568~0.5082 之间的有 42 个地级市；在 0.5083~0.5673 之间的有 15 个地级市；在 0.5674~0.6720 之间的有 5 个城市，分别为苏州、广州、上海、北京、深圳。可见沿海地区城市的产业链现代化还是走在前列。

（二）绿色金融

2010 年以来，长三角城市群、粤港澳大湾区、京津冀城市群、长中游城市群、成渝城市群、海峡西岸城市群、中原城市群、关中平原城市群绿色金融水平在总体上都呈上升趋势（见表5-7）。其中京津冀城市群绿色金融水平增长速度最快，为44.21%；其次为长中游城市群，增长速度达到37.74%。特别的是，辽中南城市群以及山东半岛城市群的绿色金融水平存在负增长。

表5-7　　　　　　　2010~2020年城市群绿色金融水平

城市群	2010年	2011年	2012年	2013年	2014年	2015年	2016年	2017年	2018年	2019年	2020年
长三角	0.078	0.072	0.075	0.080	0.081	0.086	0.088	0.095	0.101	0.108	0.101
粤港澳大湾区	0.109	0.098	0.096	0.101	0.095	0.098	0.107	0.129	0.141	0.151	0.138
京津冀	0.095	0.088	0.088	0.097	0.103	0.114	0.113	0.130	0.132	0.140	0.137
长中游	0.053	0.055	0.051	0.052	0.050	0.052	0.051	0.054	0.064	0.072	0.073
成渝	0.048	0.041	0.045	0.046	0.043	0.038	0.038	0.043	0.048	0.057	0.050
海峡西岸	0.050	0.044	0.044	0.042	0.044	0.051	0.053	0.065	0.066	0.069	0.064
中原	0.046	0.040	0.039	0.037	0.037	0.038	0.041	0.045	0.053	0.056	0.053
关中平原	0.037	0.039	0.043	0.046	0.048	0.046	0.044	0.052	0.057	0.056	0.050
辽中南	0.061	0.053	0.060	0.061	0.060	0.054	0.047	0.049	0.042	0.044	0.040
山东半岛	0.070	0.058	0.063	0.070	0.062	0.063	0.064	0.070	0.073	0.076	0.065

从城市群整体来看，中国各城市群绿色金融发展水平差异比较明显。就2010~2020年各城市群绿色金融发展水平平均值来看，粤港澳大湾区均值为0.115，最高；而中原城市群最低，为0.044，进一步说明了地区绿色金融发展存在不协调。

四、空间计量经济的结果分析

空间计量模型有多种，但常用的分析模型为空间滞后模型和空间误差模型和空间杜宾模型，本书参照安斯林（Anselin，1988）和埃尔霍斯特（Elhorst，2014）提出的空间模型选择路径，通过一系列检验和判断，选择适合空间计量模型。

从 LM 检验结果可知，LM - error 和 LM - lag 均通过 1% 的显著水平检验，即城市群产业链现代化同时存有空间滞后依赖效应和空间误差自相关。而稳健估计 LM - error 在 1% 的水平下显著，稳健估计 LM - lag 不显著，所以在空间误差模型和空间滞后模型中更倾向于空间误差模型。由 LR 检验结果可知，p 值均在 1% 的水平下显著，因此，相较于空间误差模型与空间滞后模型，选择空间杜宾模型更加合适。检验地区固定效应、时间固定效应以及双固定效应后发现，三者都在 1% 的水平下显著，通过对比，选用空间杜宾模型时，选择时间空间双固定模型更优。为使空间计量经济的结果分析更加全面，将空间杜宾模型、空间滞后模型、空间误差模型的结果均显示在表 5 - 8 中。其中，空间杜宾模型的空间自回归系数为 0.4016587，其 p 值在 1% 水平下显著，说明城市群产业链现代化水平对自身有正向的空间溢出效应。空间误差系数的值为 0.4893081，空间滞后系数的值为 0.1484033，这两个系数均在 1% 的水平下显著，说明空间依赖的存在。

表 5 - 8　　　　　　　　　　　空间计量模型结果

变量	空间杜宾（SDM）模型	空间滞后（SAR）模型	空间误差（SEM）模型
绿色金融	0.1633426 *** （0.0203447）	0.0964584 *** （0.0197386）	0.1472288 *** （0.020946）
经济发展水平	$1.22e-07$ *** （$3.96e-08$）	$1.94e-08$ （$2.91e-08$）	$3.80e-07$ *** （$3.86e-08$）
人力资本水平	0.0000544 *** （$6.91e-06$）	0.0000322 *** （$9.40e-06$）	0.0000456 *** （$7.04e-06$）

续表

变量	空间杜宾（SDM）模型	空间滞后（SAR）模型	空间误差（SEM）模型
政府行为	− 0.0235774 *** （0.0047714）	− 0.0188089 *** （0.0041472）	− 0.0206218 *** （0.004897）
研发创新投入	0.1365082 ** （0.0687748）	− 0.041037 （0.0640051）	0.2275299 *** （0.0709301）
金融发展水平	0.1183081 *** （0.0195997）	0.0286481 （0.0179247）	0.1458525 *** （0.0204721）
外商直接投资	9.31e − 09 ** （3.84e − 09）	4.60e − 09 （3.62e − 09）	5.12e − 09 （3.89e − 09）
_cons	0.1888579 *** （0.0088302）		0.3653421 *** （0.0040608）
W × 绿色金融	0.0015134 （0.0336699）		
W × 经济发展水平	2.52e − 07 *** （4.93e − 08）		
W × 人力资本水平	4.62e − 06 （0.000014）		
W × 政府行为	0.0108171 （0.0070686）		
W × 研发创新投入	0.001289 （0.1097762）		
W × 金融发展水平	0.0516579 * （0.0294279）		
W × 外商直接投资	− 4.28e − 09 （6.08e − 09）		
空间误差项参数			0.4893081 *** （0.0282146）
ρ（空间滞后参数）	0.4016587 *** （0.0250437）	0.1484033 *** （0.0299447）	
观测值	1716	1716	1716
似然函数值	4277.2584	4761.7820	4182.5417

续表

变量	空间杜宾（SDM）模型	空间滞后（SAR）模型	空间误差（SEM）模型
LM – error 检验	293.461 *** [0.000]		
稳健的 LM – error 检验	286.841 *** [0.000]		
LM – lag 检验	6.759 *** [0.008]		
稳健的 LM – lag 检验	0.140 [0.709]		
LR 检验（空间杜宾模型对空间滞后模型）	37.86 *** [0.0000]		
LR 检验（空间杜宾模型对空间误差模型）	189.43 *** [0.0000]		
Wald Test for SAR	9.86 * [0.079]		
Wald Test for SEM	136.36 ** [0.000]		

注：[ ] 里的值为对应的 p 值，（ ）里的值为对应的标准误，*、**、*** 分别表示检验结果在 10%、5%、1% 的水平下显著。

表 5 –9 分别计算了十大城市群整体及八个城市群绿色金融及其他控制变量对产业链现代化的直接效应、间接效应、总效应，而关中平原城市群、山东半岛城市群由于城市数量较少，暂时不单独进行空间计量的实证分析。从表中结果可以看出，对于城市群整体而言，绿色金融对产业链现代化的影响在直接效应、间接效应和总效应上都非常显著。对于粤港澳大湾区、长三角城市群而言，绿色金融影响产业链现代化水平主要来自对其的直接影响而非间接影响；对成渝城市群、海峡西岸城市群、京津冀城市群、辽中南城市群、长中游城市群而言，则是间接效应更为显著。其中，海峡西岸、辽中南、长中游城市群绿色金融对产业链现代化影响的间接效应为负。

表 5-9 空间计量模型溢出效应分解结果

变量	整体	成渝	海峡西岸	京津冀	辽中南	粤港澳大湾区	长三角	长中游	中原
直接效应									
绿色金融	0.17121***	0.00959	0.09567	0.10967***	0.00181	0.27778***	0.24366***	0.15300*	0.07617
经济发展水平	1.54e-07***	2.08e-09	-1.38e-07	2.62e-07**	-1.62e-07	-1.24e-08	1.55e-07**	1.30e-07	1.00e-06***
人力资本水平	0.00006***	0.00002	0.00003	0.00003	0.00019***	0.00003***	-1.52e-06	-0.00012**	0.00001
政府行为	-0.02304***	-0.02903	0.00747	-0.01439	-0.03542***	-0.33895***	-0.01514	-0.01177	-0.01659**
研发创新投入	0.12815*	-0.10158	-0.54537*	0.34741	0.63323	2.45148***	-0.08647	-0.30690*	-0.24474
金融发展水平	0.13102***	0.04473*	-0.09046	0.05618	-0.14361	0.33619***	0.19975***	-0.08663	0.13257***
外商直接投资	9.29e-09**	-2.25e-08	2.06e-07**	3.67e-09	-5.83e-09	2.70e-08*	2.26e-08**	-4.34e-08**	1.09e-07*
间接效应									
绿色金融	0.10231**	0.36524***	-0.30006***	0.27833***	-0.40820**	0.04465	0.14325*	-0.30619**	-0.13551
经济发展水平	4.70e-07***	3.38e-07	1.36e-06***	-2.75e-07**	9.12e-07***	1.72e-07	4.57e-07***	-2.07e-08	1.25e-06**
人力资本水平	0.00004*	-0.00022*	-0.00009	-0.00008	-0.00010	-0.00001	-0.00006	-0.00004	-0.00007*
政府行为	0.00210	0.04221	0.06689**	-0.02501	-0.02833	0.17560	-0.00100	0.02199	0.02977**
研发创新投入	0.08413	0.36636	-1.01205**	0.11963	1.35547**	0.38260	0.13492	-0.88306*	-0.45974**
金融发展水平	0.16047***	-0.12894***	-0.30890***	0.29871**	0.20743	-0.11997	-0.03230	-0.21992**	-0.00817
外商直接投资	-8.05e-10	-3.64e-08	1.53e-07*	-5.99e-10	-5.70e-08**	1.94e-09	5.23e-09	6.63e-08*	7.95e-08

续表

变量	整体	成渝	海峡西岸	京津冀	辽中南	粤港澳大湾区	长三角	长中游	中原
总效应									
绿色金融	0.27352***	0.37483***	-0.20438	0.38800***	-0.41001*	0.32243*	0.38691***	-0.15320	-0.05934
经济发展水平	6.23e-07***	3.40e-07	1.22e-06***	-1.38e-08	7.50e-07**	1.59e-07	6.12e-07***	1.09e-07	2.25e-06***
人力资本水平	0.00010***	-0.00020**	-0.00005	-0.00005	0.00009	0.00001	-0.00006	-0.00016**	-0.00006
政府行为	-0.02094*	0.01317	0.07436**	-0.03940	-0.06374	-0.16335	-0.01614	0.01022	0.01318
研发创新投入	0.21227	0.26478	-1.5574*	0.46704	1.98870*	2.83408**	0.04845	-1.18996*	-0.70448***
金融发展水平	0.29149***	-0.08420*	-0.39936***	0.35487***	0.06383	0.21622	0.16744**	-0.30655*	0.12440*
外商直接投资	8.49e-09	-5.89e-08**	3.59e-07***	3.07e-09	-6.29e-08**	2.89e-08	2.79e-08	2.29e-08	1.89e-07*
N	1716	176	176	110	110	99	286	275	319

注: *、**、***分别表示检验结果在10%、5%、1%的水平下显著。

五、稳健性检验

参考李苏（2023）的做法，采用更换空间权重矩阵的方法进行稳健性检验，即通过构建空间经济距离权重矩阵代替空间邻近矩阵。表5-10显示了绿色金融对城市群产业链现代化的稳健性检验结果，虽然回归系数相应有所变化，但总体与前文的实证结果基本一致，因此，综合来看，上述结论具有可靠性和稳健性。

表5-10　　绿色金融对城市群产业链现代化的稳健性检验结果

变量	整体	成渝	海峡西岸	京津冀	辽中南	粤港澳大湾区	长三角	长中游	中原
直接效应	0.1093 ***	-0.0457	0.0909	0.1326 ***	-0.0485	0.2898 ***	0.2102 ***	0.1648 **	0.0284
间接效应	0.0855 *	0.6140 ***	-0.1798 *	0.1333	-0.3450 **	-0.0010	0.1200	0.0818	-0.0866
总效应	0.1948 ***	0.5683 ***	-0.0889	0.2659 *	-0.3934 *	0.2888 *	0.3302 **	0.2466 **	-0.0582
N	1716	176	176	110	110	99	286	275	319

注：*、**、*** 分别表示检验结果在10%、5%、1%的水平下显著。

第五节　绿色金融助推产业链现代化的针对性动态循环方案探索

在分析绿色金融与城市群产业链现代化水平的基础上，结合区域经济高质量发展实际，提出如下对策建议。

一、推动绿色金融创新，完善绿色金融体系建设

城市群整体绿色金融发展水平的提升将会带动城市产业链现代化。

因此，在当前受经济与多方面其他因素的影响下，完善绿色金融体系，提升绿色金融水平对产业链现代化的实现至关重要。一方面，要丰富绿色金融工具。金融机构积极利用大数据、区块链等技术，加强对绿色信贷等传统产品的创新，探索绿色金融与普惠金融的融合，加大对绿色产业相关的中小微企业的融资支持力度，完善相应产业链配套，从而提高产业链上下游循环发展的畅通度；同时，推动绿色产品创新，比如，鼓励保险机构探索新型绿色保险产品，提升绿色保险对产业绿色转型的风险保障能力。另一方面，建立绿色项目信息共享平台，为金融机构提供多维度、多渠道的绿色产业信息，缓解信息不对称，降低融资成本，提高融资效率，从而有效促进产融对接，强化绿色金融资源配置功能。

二、加强政策引导，推动区域协调发展

首先，不断完善绿色金融政策。各级政府要从实际出发，公布绿色产业目录，因地制宜地制订绿色金融发展区域规划，推动多层次金融平台建设，把金融政策聚焦到服务实体经济，提高绿色金融政策的精准性、前瞻性。此外，还需要建立政策实用性评估的组织机构，完善政策效果的反馈机制，推动实现政策效应最大化。其次，加强绿色金融投资导向作用。为了促进可持续发展，金融机构应该大力投资环保、节能、低碳等绿色产业，尤其是在节能环保、绿色交通建筑等领域，以期进一步引导社会资金从高污染产业转移至节能环保领域，从而实现产业结构的不断优化，支持绿色企业能够利用绿色资金实现产业转型升级和现代化改造，并形成一种良性的互动关系。最后，要因地制宜制订差别化绿色金融政策。中国各城市群的要素禀赋条件存在差异，比如重庆、上海、武汉在汽车制造领域具有比较优势，南京、成都在电子设备制造领

域具有比较优势，因此，在制订绿色金融政策时，要加强财政、金融、产业政策的协调联动，避免产业同质化竞争，从而精准推动产业结构低碳转型，促进区域协调可持续发展。

三、赋能科技成果转化，助力产业转型升级

一方面，加强绿色金融对推动绿色低碳关键技术研发应用的支持。通过绿色资金推动绿色低碳科技创新平台的建设，积极引导金融机构对负碳、零碳、低碳前沿技术攻关和基础研究提供资金支持，提供企业创新所需的长期稳定的低成本资金，从而有效赋能科技成果转化，促进制造业向低碳化、绿色化、高端化优化升级。另一方面，建设科技创新体系，推动不同城市群之间、城市群内部城市间以及群内群外城市间的科技创新合作联系，推动中国城市群创新链与产业链融合发展，鼓励深入开展合作共建，并充分发挥长三角城市群产业链的引领作用，带动长江经济带其他城市群产业转型升级，从而促进长江经济带城市群产业链的现代化发展。

四、补链延链强链，以创新驱动打造产业链现代化新引擎

想要以创新驱动破解产业链"缺环"之困，打造产业链新引擎，就要以改革、发展方式创新、人才链以及资金链拉动创新链。首先，要积极推进金融改革创新。一方面，积极推动城市群区域性金融中心的打造，加强金融中心之间的互联互通，形成正向的金融集聚效应，提升绿色金融的辐射带动作用。另一方面，发展多层次绿色金融市场，建设发展示范区，丰富绿色金融应用场景。此外，借助科技金融、网络金融、

产业链金融等新形式为绿色金融注入创新活力，全方位、全领域推进绿色金融发展，从而实现产业链现代化。其次，推进发展方式创新转型。发挥绿色金融资本形成、资本导向机制的作用，提高资本配置效率，加大对科技创新的投入，引导资本投向战略性新兴产业以及绿色产业，为产业链现代化提供灵活、多元化的金融服务。聚焦优势产业，在产业链关键节点上补链、延链、强链，不断培育新的经济增长点，以更大的投入弥补产业链现代化发展之不足。最后，以人才链拉动创新链，推动"四链"深度融合。一方面，促进特色企业与高校的进一步联合，为产业链现代化培育高技术创新型人才。另一方面，建设一批高水平创新载体，吸引海内外高精尖研发人才聚集，从而形成创新氛围，促进产业内科技成果转化。此外，充分发挥科技研发技术溢出效应，通过多方合力，以"四链"深度融合带动产业的创新发展，由此推动产业链现代化的发展。

第六节 本 章 小 结

本章首先梳理了绿色金融及产业链现代化的发展背景，分析以绿色金融助推城市群产业链现代化实现的深远意义。其次，遵循科学性和可操作性的原则，分别构建了绿色信贷、绿色证券、绿色投资"三位一体"的绿色金融发展水平评价指标体系，产业结构优化、产业协同集聚、产业创新化、产业绿色化以及产业公共服务升级"五位一体"的产业链现代化综合评价指标体系，利用 2010～2020 年中国城市群 156 个城市的数据，运用时空极差熵权法和 ArcGIS 制图技术，更直观地评价城市群绿色金融和产业链现代化发展水平和空间分布格局。再次，鉴于绿色金融的资源配置功能，以及区域产业链现代化的空间关联属性，在前文测度的水平评价指数的基础上，通过空间相关性检验，确定合适的空间计量模型，对中国城市群绿色金融影响区域产业链现代化发展进行了实证研究。最后，探索绿色金融助推产业链现代化的针对性动态循环方案。得出如下结论：①2010~2020年，产业链现代化、绿色金融总体上有明显的提升，但均存在一定程度上的区域差异，总体而言，东部城市群走在前列，中西部城市群增速明显。②绿色金融对产业链现代化子系统的影响中，对产业创新化的影响最大，其次为产业结构优化。③绿色金融不仅促进当地产业链现代化，也促进邻近城市产业链现代化，具有显著的地理空间溢出效应。④城市群整体、长三角城市群、粤港澳大湾区的绿色金融对产业链现代化的直接效应大于间接效应，而对成渝城市群、京津冀城市群、海峡西岸城市群、长中游城市群、辽中南城市群而言，则是间接效应更为显著。

第六章

产业政策对中国城市群产业链
现代化的影响研究

考虑到产业链现代化政策的目的是加速城市群产业链现代化和产业结构转型升级，最终实现经济高质量发展。因此，本章从产业结构转型升级的角度出发，探究产业政策对产业链现代化的影响效应。产业链现代化政策不仅注重培育产业链核心技术的突破，更加注重产业体系的改进与产业间的融合。因此，地方政府产业链现代化政策不仅可以指导产业链现代化升级路径，还具有推动产业结构优化升级的政策潜力。研究各城市群内产业政策如何推进产业链现代化进程，能够为各城市群产业链现代化政策的优化以及产业链现代化政策实施效果的提升提供决策支持。

虽然在"十四五"时期才正式提出了"产业链现代化"这一概念，但我国"十一五"时期就已经明确指出要推动产业结构的优化和提升；提升工业的核心能力已被我国"十二五"规划所高度重视。而在"十三五"规划中，更是提出要加强对整个行业的合作与研究（张虎，2022）。可以看出产业链现代化这一概念在中国产业发展过程中一直起着不可或缺的作用。中国产业链现代化水平在大多数城市群均有所提升且较为均衡，但不同城市群之间区域差异性较大且有逐渐扩大的趋势（毛冰，2022）。然而，由于我国对产业链核心技术掌握较差，存在关键技术领域"卡脖子"的问题以及缺乏产业链控制力，我国产业附加值处于一个偏低的状态（盛朝迅，2019）。地方化力量导致因地而异的生产组织形式，不同城市群间产业链发展水平不同（郑江淮，2022）。因此，各地方政府为响应中央政府的号召，在针对产业链现代化发展做出规划和建议的同时，逐步发展为给现阶段企业提供政策支持以及推进产业链现代化建设的主要力量（王海，2023）。如《山西省风电装备产业链2022 年行动计划》提出聚焦产业链的弱链、断链环节，突破一批关键核心技术，培育一批"专精特新"链上企业等。《阳泉市重点产业链及产业链链长工作机制实施方案》强调加快构建具有阳泉特色的现代化产业体系，结合城市群资源禀赋和产业现状，制订工作方案，为城市群经济高质量发展打下坚实的基础。

基于上述分析，本章在搜集整理了2005～2020 年中国十大城市群156 个地级市层面出台的产业政策文本的基础上，分析了产业政策的结构性特征，并实证检验了各城市群产业政策对城市群产业链现代化的影响效应。与现有文献相比，本章的创新点主要体现在以下几个方面：第一，现有文献中大多侧重于讨论产业链现代化的测度指标体系（黄群慧等，2020；毛冰，2022；张虎等，2022），而本章中从产业链现代化政策文本这一视角展开讨论。因此，本章重点分析了十大城市群产业链现代化政策对产业链现代化的影响，丰富了产业链现代化的相关研究。第二，本章基于地方规范性文件和地方工作文件的角度来衡量产业政策指标，对产业链现代化政策进行了描述性统计分析（韩永辉等，2017），论证了这种做法的合理性与可行性，拓展了已有产业链现代化政策研究的度量方法。第三，本章还检验了不同类型及不同城市群产业政策对产业链现代化的影响效应及其作用机制，为因地制宜促进中国产业链现代化提供有益参考。

第一节　实证模型和变量说明

一、实证模型设定

为验证产业政策对产业链现代化的影响，本章构造如下实证模型：

$$Industry = \beta_0 + \beta_1 policy_{it} + \Theta X_{it} + \partial_i + Z_t + \varepsilon_{it} \tag{6.1}$$

式中，i 表示城市群，t 表示时间；被解释变量 $Industry$ 为城市群产业链现代化指标，其中包括产业结构合理化指数（SR）与产业结构高度化指数（SH）；核心解释变量 $policy$ 为各城市群发布的与产业链现代化相关的政策文件的数量，其中包括地方规范性文件形式的产业链现代化政策数（$policynorm$）、地方工作文件形式的产业链现代化政策数（$policywork$）；X 为其他控制变量集，系数 β_1 用于衡量地方产业政策对产业链现代化的影响。

二、变量说明

（一）被解释变量

产业链现代化以产业结构升级为发展目标，产业结构升级包含产业结构合理化和高级化两个方面（周振华，1990；江永洪，2023）。因此

被解释变量 *industry* 由产业结构合理化指数以及产业结构高级化指数两个指数构成。具体度量方法如下：

产业结构合理化指数反映了产业之间的比例均衡和关联协调程度（韩永辉，2017）。对产业结构合理化指标进行测度的常用方法有泰勒指数（干春晖，2011；姜海宁等，2020）和产业结构偏离度（解海等，2017；杨永聪等，2022）等，已有研究较多采用产业结构偏离度，其被广泛使用于衡量要素资源在产业结构上的协调分配程度，本章采用要素投入结构和产出结构的耦合程度来表示产业结构合理化，即：

$$E = \sum_{i=1}^{n} \left| \frac{(Y_i/L_i)}{(Y/L) - 1} \right| = \sum_{i=1}^{n} \left| \frac{(Y_i/Y)}{(L_i/L) - 1} \right| \qquad (6.2)$$

式中，Y 表示产出（实际国内生产总值），L 表示劳动投入（城镇非私营单位年末从业人数），i 表示第产业部门，n 为产业总数。为使得其更符合实际情况，本章采用加权平均法来反映各产业的权重，以修正上述产业结构偏离度，即产业结构合理化指标设定为：

$$SR = \sum_{i=1}^{n} \left(\frac{Y_i}{Y}\right) \left| \frac{(Y_i/L_i)}{(Y/L) - 1} \right| = \sum_{i=1}^{n} \left(\frac{Y_i}{Y}\right) \left| \frac{(Y_i/Y)}{(L_i/L) - 1} \right| \qquad (6.3)$$

产业结构高级化是提升产业结构发展水平，体现出产业结构向第三产业转变的力度并呈现服务化倾向特征（高远东等，2015）。产业结构高级化测度方法包含根据克拉克定律计算第二产业与第三产业产值的比值（干春晖，2011；解海等，2017）、产业结构层次系数（徐敏和姜勇，2015）和夹角余弦法（高远东等，2015）等，本章采用各产业部门产出比与劳动生产率的乘积值对产业结构高度化进行测度（杨永聪，2022）。用 y_i 表示某地方第 i 产业产值在城市群生产总值中的占比，lp_i 表示第 i 产业部门的劳动生产率，$lp_i = Y_i/L_i$，其中，Y_i 和 L_i 分别表示某地方第 i 产业的产出与劳动投入总值。此外，本章对劳动生产率指标 lp_i 进行了均值化处理以达到消除指标量纲的影响的目的，即将产业结构高度化指标设定为：

$$SH = \sum_{i-1}^{n} y_i \times lp_i \tag{6.4}$$

（二）核心解释变量

核心解释变量为地方产业链现代化政策，本章把产业链现代化政策变量分别定义为地方规范性文件形式的产业链现代化政策和地方工作文件形式的产业链现代化政策的累计数量。地方规范性文件与地方工作文件均为除《中华人民共和国立法法》中规定的地方性法规、地方政府规章及行政许可批复之外的地方人大、政府及委办局、协会、公司单独或联合发布的文件。规范性文件是指在法定权限、程序下制定并公开发布，具有普遍约束力，反复适用的公文，涉及公民、法人及其他组织的权利义务。主要是根据官网的规范性文件版块以及规范性文件的含义，结合文件主要内容、发文字号进行判断。工作文件是指相关机关发布的技术性文件，其中包含工作部署、行业发展规划、计划、标准、规程等，以及对机关内部事务的规范，包括人事、财务、外事、保密和保卫等方面的文件，同时也包括对具体情况的通报和对具体事项的处理决定等内容。

（三）控制变量

参照相关文献，本章使用实证模型进行分析，其中 X 为一组控制变量，θ 表示这些控制变量的系数。为了确保实证结果的准确性，本章还控制了其他可能对产业升级产生影响的因素，包括以下五个控制变量：①人力资本（lnedu），通过对城市教育支出取对数来衡量；②外商直接投资（*fdi*），采用各城市外商实际投资来衡量；③消费（*cost*），采用各城市社会消费品零售额数据来衡量；④政府支出（*fisc*），采用各城市地方政府财政支出与城市群 GDP 的比值来衡量；⑤人口密度（ln*people*），采用城市人口密度来衡量。由于大多控制变量是结合了城市群 GDP 指数加入公式计算得出，为了判断其是否存在多重共线性，本章中进行了多重共线性检验。检验结果表明，所选取各指标中 VIF 值最高仅为2.15，其平均值为 1.43，低于阈值 5，即变量间不存在多重共线性。

三、描述性统计

本章研究所用的源数据来自北大法宝数据库、EPS 数据库、各城市统计年鉴以及《中国城市统计年鉴》等数据平台。为保证数据完整性，本章排除我国香港、澳门和台湾地区，以十大城市群为研究对象。此外，剔除个别大量数据缺失的地级市数据，最终得到 2005～2020 年中国 156 个地级市的原始面板数据，使用固定效应的模型，探究中国各城市群产业政策对产业结构转型升级的影响效应。在数据处理过程中，采用插值法填补少量缺失数据，以达到避免异常值干扰回归结果的目的。回归变量的描述性统计结果如表 6－1 所示。

表 6－1 变量的描述性统计

变量		符号	样本量	均值	标准差	最小值	最大值
被解释变量	产业结构合理化指数	*SR*	4192	0.895	0.294	0.0306	4.497
	产业结构高度化指数	*SH*	4192	20.73	42.64	－116.5	801.2

变量		符号	样本量	均值	标准差	最小值	最大值
解释变量	地方规范性文件数量	*policynorm*	4192	0.167	0.566	0	4
	地方工作文件数量	*policywork*	4192	0.281	1.301	0	15
	人力资本	*lnedu*	4192	12.73	0.993	9.241	16.25
	外商直接投资	*fdi*	4192	0.878	2.324	−0.763	59.54
	消费	*cost*	4192	0.844	1.312	0.0010	15.93
	政府支出	*fisc*	4192	1.875	4.948	−0.825	267.0
	人口密度	*lnpeople*	4192	5.828	1.004	1.548	15.26

第二节 产业政策的测度与说明

一、产业政策的测度指标

本章通过北大法宝数据库（地方法规板块中收录全国各地方人大常委会、地方行政机关、地方各级人民法院、地方各级人民检察院颁布的地方性法规、自治条例和单行条例、地方政府规章、规范性文件、地方司法文件等）以"产业链""产业链现代化""产业链发展"等为关键词，对全国十大城市群156个地级市出台的地方性产业链现代化相关的产业政策进行了查询，收集全国各省市政府部门发布的与产业链现代化相关的产业政策文件（最新检索时间为2022年11月27日），去除失效政策，经过反复筛选后得到181份有效政策文件样本，由于篇幅所限，具体政策文件样本内容略。

二、产业政策的描述性特征分析

产业政策的结构性特征如表 6 - 2 所示。

表 6 - 2　　　　　　　　　　产业政策的结构性特征

中国产业政策的发布主体结构			
地方规范性文件	总数	地方人民政府	地方发改委
数量	56	38	2
占比（%）	100	67.86	3.57
地方规范性文件	地方经济和信息化厅	其他	地方科学技术厅
数量	7	9	0
占比（%）	12.5	16.07	0
地方工作文件	总数	地方人民政府	地方发改委
数量	127	76	5
占比（%）	100	59.84	3.93
地方工作文件	地方经济和信息化厅	其他	地方科学技术厅
数量	25	17	4
占比（%）	19.69	13.39	3.15
中国产业政策的调控范围结构			
地方规范性文件	总数	单一产业链政策 （纵向政策）	全局性产业链政策 （横向政策）
数量	52	23	29
占比（%）	100	44.23	55.77
地方工作文件	总数	单一产业链政策 （纵向政策）	全局性产业链政策 （横向政策）
数量	129	83	46
占比（%）	100	64.34	35.66

中国产业政策的干预类型结构				
地方规范性文件	总数	规划型	促进型	引导型	扶持型
数量	52	10	23	12	7
占比（％）	100	19.23	44.23	23.08	13.46
地方工作文件	总数	规划型	促进型	引导型	扶持型
数量	129	112	9	6	2
占比（％）	100	86.82	6.98	4.65	1.55

（一）产业政策的时间和区域特征

根据实施效力的不同，将地方产业政策划分为地方规范性文件、地方工作文件。从时间趋势来看，自 2019 年"产业链现代化"一词首次被提出，无论是地方规范性文件还是地方工作文件，2019 年以前与产业链现代化相关的政策的发布都保持一个比较稳定的水平，从 2019 年起都有一个显著的上升趋势。这说明，中国的地方政府都十分支持国家的工作，积极响应国家的号召，地方对产业链现代化的重视程度提升了。从城市群特征来看，经济发达城市和东部沿海城市群实行的与产业链现代化相关的产业政策数量更多，中、西部城市群的数量较少。

（二）产业政策发布主体的结构性特征

根据政策发布主体的不同，将地方产业政策发布主体划分为地方人民政府、地方发改委、地方经济和信息化厅、地方科学技术厅和其他。因为各个城市群对个别发布主体的称呼有细微的差别，本章对各发布主体进行了统一和汇总。地方人民政府、地方发改委和地方经济和信息化厅为出台产业政策的主体，其中 67.86% 的地方规范性文件是由人民政府发布的，59.84%的地方工作文件是由人民政府发布的。可见人民政府是发布产业政策最多的主体，此外，发改委及经济和信息化厅等都是对经济实施调控和管理的政府组织的核心职能机构，它们也对产业政策的制订作出了十分重要的贡献。

（三）产业政策的调控范围结构

根据政策的调控范围的不同，将地方产业政策划分为全局性产业链政策（横向政策）和单一产业链政策（纵向政策）。地方规范性文件形式的产业政策中的全局性产业链政策（横向政策）占比为55.77%，与单一产业链政策（纵向政策）占比差距不大。而地方工作文件形式的产业政策以单一产业链政策（纵向政策）为主，占比为64.34%。这说明对地方工作文件来说，各职能部门更加倾向于对单一产业链进行确切的调控和管理，认为从单一产业链入手进行产业链现代化有更大的发展潜力。

（四）产业政策的干预类型和手段结构

根据政策干预类型和手段的不同，将地方产业政策划分为规划型、促进型、引导型和扶持型。将主要内容含有"主要目标""目标"等的政策视为规划型政策。将标题含有"提升""促进"及内容中小标题中大多数关键字眼包含"促进""推进"等的政策视为促进型政策。将标题中含有"指导"等字眼的政策视为引导型政策，将含有"鼓励""支持""重点发展"或"鼓励创新"等字眼的政策被视为扶持型。地方规范性文件形式的促进型政策、引导型政策、规划性政策的占比分别为44.23%、23.08%、19.23%，促进型政策的占比较大。地方工作文件形式的政策以规划型的政策为主，占比为86.82%。这说明两种不同实施效力的政策对发布政策干预类型的偏好不一样，地方规范性文件倾向于促进型和引导型政策，地方政府的管理和干预更加倾向于推动相关产业链现代化政策的发展，地方工作文件倾向于规划型政策。

第三节 实证检验与结果分析

一、产业政策与产业链现代化

基于实证模型的检验结果如表 6 - 3 所示。第（1）列中变量 *policynorm* 在 1% 水平显著，其回归系数为 - 0.0453。这意味着，如果以地方规范性文件形式来表示产业链现代化政策，其文件数量每增加 1 件，则地方产业结构合理化指数显著降低 4.53%。第（2）列中变量 *policywork* 在 1% 水平显著，其回归系数为 0.0288。这意味着，如果以地方工作文件形式来表示产业政策，其文件数量每增加 1 件，则地方产业结构合理化指数显著提升 2.88%。

表 6 - 3　　　　　产业链现代化政策与产业结构优化升级

变量	产业结构合理化（SR）	产业结构合理化（SR）	产业结构高度化（SH）	产业结构高度化（SH）	产业结构合理化（SR）	产业结构高度化（SH）
	（1）	（2）	（3）	（4）	（5）	（6）
policynorm	- 0.0453 *** (0.00713)		- 0.0744 *** (0.0209)		- 0.0455 *** (0.00698)	- 0.0745 *** (0.0209)

续表

变量	产业结构合理化（SR）	产业结构合理化（SR）	产业结构高度化（SH）	产业结构高度化（SH）	产业结构合理化（SR）	产业结构高度化（SH）
	（1）	（2）	（3）	（4）	（5）	（6）
policywork		0.0288 *** (0.00223)		0.0153 ** (0.00663)	0.0289 *** (0.00222)	0.0154 ** (0.00662)
ln*edu*	0.0729 *** (0.0167)	0.0524 *** (0.0163)	0.0218 (0.0487)	−0.00077 (0.048)	0.0634 *** (0.0163)	0.0169 (0.0487)
ln*people*	0.0127 (0.00978)	0.00962 (0.00963)	0.0159 (0.0286)	0.0147 (0.0286)	0.00917 (0.00958)	0.0140 (0.0286)
ln*fdi*	−0.00932 *** (0.00301)	−0.00639 ** (0.00296)	0.00303 (0.00880)	0.00584 (0.00880)	−0.00754 ** (0.00295)	0.00396 (0.00881)
ln*fisc*	−0.0247 *** (0.00826)	−0.0259 *** (0.00813)	−0.159 *** (0.0242)	−0.160 *** (0.0242)	−0.0252 *** (0.00808)	−0.159 *** (0.0241)
ln*cost*	−0.0589 *** (0.0153)	−0.0537 *** (0.0151)	−0.0496 (0.0448)	−0.0489 (0.0448)	−0.0515 *** (0.0150)	−0.0457 (0.0448)
cons	−1.267 *** (0.204)	−1.003 *** (0.200)	0.908 (0.597)	1.177 ** (0.596)	−1.123 *** (0.200)	0.984 * (0.597)
城市群虚拟变量	yes	yes	yes	yes	yes	yes
时间虚拟变量	yes	yes	yes	yes	yes	yes
R^2	0.154	0.180	0.667	0.666	0.189	0.667
N	4175	4175	4170	4170	4175	4170

注：*** 、** 、* 代表显著性水平1%、5%与10%；括号中是标准误；R^2 代表拟合优度。下同。

第（3）列中变量 *policynorm* 在1%统计水平显著，其回归系数为−0.0744。经济意义表述为，如果以地方规范性文件形式来表示产业政策，每增加1件政策文件，则地方产业结构高度化指数显著降低7.44%。第（4）列中变量 *policywork* 在5%统计水平显著，其回归系数为 0.0153。这意味着，如果以地方工作文件形式来表示产业政策，每增加 1 件文件数量，则地方产业结构高度化指数显著提升 1.53%。

从结果可见，在以地方规范性文件形式来表示产业政策文件的数量时，地方产业政策对产业结构合理化和高度化都表现出负相关的关系。但是，在以地方工作文件形式来表示产业政策文件的数量时，产业政策对产业结构合理化和高度化指数都表现出正相关的关系。造成上述情况的原因可能是两种政策文件的干预类型和手段的结构不同，因此对产业结构升级的影响程度会有所不同，城市群之间存在异质性或者存在内生性问题。由此得出结论，以地方工作文件形式来表示产业政策时（policywork 中规划型政策占比较大），产业政策能够促进产业链现代化。

二、地方规范性文件和地方工作文件作用的联合检验

对表 6-3 中的第（1）~（4）列来说，均是单独采用地方规范性文件和地方工作文件来表示产业链现代化政策这一解释变量，进而考察其对产业链现代化的影响效应。对表 6-3 第（5）列、第（6）列来说，为了考察结果的稳健性，均是同时加入地方规范性文件和地方工作文件来表示产业链现代化政策这一解释变量。其中，第（5）列结果显示了产业政策对产业结构合理化的影响效应，第（6）列结果显示了产业政策对产业结构高度化的影响效应。从表中第（5）列、第（6）列结果可以看出，以地方规范性文件表示的产业政策的两个回归系数同时在1%统计水平显著为负，以地方工作文件形式表示的产业政策的两个回归系数分别在 1% 和 5% 显著水平上为正，再次稳健地验证了规划型（地方工作文件形式）产业政策施行能推动产业链现代化的结论。综上，上文实证结论是较为稳健的。

三、系统 GMM 回归

地方政府制订产业政策的动机和能力可能是与产业结构和产业发展水平相关联的。一是地方政府产业政策的制定和实施可能是依据经济发展及产业调整形势而做出的，比如产业结构进入调整期，则地方政府可能出台相关的产业政策；二是地方政府出台产业政策的能力和水平可能有差别，那些产业发展水平较高的城市群的政府，可能会出台更加有效与合理的产业政策。为了解决基础回归结果中可能存在的内生性问题，本书从动态视角进行了进一步估计检验，将产业结构合理化与高度化指标的滞后期作为控制变量引入模型，并使用各产业链现代化政策的滞后项作为工具变量进行回归，实证结果如表 6-4 所示。

表 6-4　　　　　　　　　　　系统 GMM 回归结果

变量	产业结构合理化（SR）	产业结构合理化（SR）	产业结构高度化（SH）	产业结构高度化（SH）	产业结构合理化（SR）	产业结构高度化（SH）
	(1)	(2)	(3)	(4)	(5)	(6)
$L. \ln SR$	0.987 *** (0.259)	0.705 *** (0.166)			0.706 *** (0.192)	
$L. \ln SH$			0.285 * (0.169)	0.461 *** (0.0671)		0.490 *** (0.0700)
policynorm	-0.221 *** (0.0445)		-0.0883 *** (0.0323)		-0.170 *** (0.0395)	-0.0643 (0.0396)
policywork		0.0661 *** (0.0114)		0.119 *** (0.0339)	0.0756 *** (0.0154)	0.0916 *** (0.0330)

续表

变量	产业结构合理化（SR）	产业结构合理化（SR）	产业结构高度化（SH）	产业结构高度化（SH）	产业结构合理化（SR）	产业结构高度化（SH）
	（1）	（2）	（3）	（4）	（5）	（6）
lnedu	-0.110 (0.123)	-0.115 (0.0835)	-0.316 (0.358)	-0.627 *** (0.195)	-0.126 (0.100)	-0.594 *** (0.191)
lnpeople	-0.0144 (0.168)	-0.0124 (0.0175)	-0.994 *** (0.316)	0.0600 (0.0372)	0.00628 (0.0348)	0.0602 (0.0452)
lnfdi	-0.00321 (0.0130)	0.0180 ** (0.00767)	-0.0245 (0.0168)	-0.0250 *** (0.00925)	0.0105 (0.0141)	-0.0217 * (0.0124)
lnfisc	-0.0518 (0.283)	0.394 *** (0.0582)	-0.311 (0.245)	0.197 (0.155)	0.310 *** (0.0788)	0.324 ** (0.148)
lncost	0.0363 (0.146)	0.0863 (0.0601)	0.590 *** (0.184)	-0.0333 (0.0961)	0.105 (0.104)	-0.0316 (0.105)
Hansen_p	0.994	1	0.979	1	1	1
Ar（1）_p	0.0170	0	0.00700	0.0200	0	0.00200
Ar（2）_p	0.124	0.143	0.110	0.634	0.156	0.601
N	3127	3127	3122	3122	3127	3122

被解释变量的滞后期与当期被解释变量有显著的正相关关系，说明了内生性使得产业结构优化升级指标具有惯性。该动态系统 GMM 模型考虑了个体之间的差异，同时纠正了由 lnSR、lnSH 引起的内生性偏差。一方面，变量通过了 Ar（1）检验，但未通过 Ar（2）检验，该结果说明模型的变量存在一阶自相关但不存在二阶自相关，因此，满足随机干扰项不存在序列相关这一条件。另一方面，Hansen 检验 P 值均大于0.1，该结果表明该回归变量不存在过渡识别现象，即模型选取了合适的工具变量。因此，表6-4中检验结果同时满足动态系统 GMM 估计的

两个条件，其估计结果是无偏且一致的，证明该模型对调整内生性偏差是有效的。检验结果表明以地方工作文件形式来表示产业链现代化政策时（policywork 中规划型政策占比较大），产业链现代化政策能够显著促进产业结构的调整升级。以地方规范性文件形式来表示产业链现代化政策时，产业链现代化政策不能促进产业结构的转型升级。

第四节　异质性分析与稳健性检验

一、异质性分析

本章根据中国十大城市群所处的地理位置的差异将其分为东部城市群和中西部城市群。东部城市群包括京津冀城市群、山东半岛城市群、辽中南城市群、关中平原城市群，中西部城市群包括成渝城市群、长三角城市群、长江中游城市群、珠三角城市群、中原城市群和海峡西岸城市群。从前文得出的结论可知，合理的产业政策显著促进了产业链现代化的发展，下面将进一步考察不同城市群间产业政策对产业链现代化的影响效应。在产业链创新、产业链韧性、产业链协同及产业链可持续性方面，东部城市群与中西部城市群之间也存在显著差异，东部城市群的产业链现代化程度显著高于非东部城市群。然而，产业链发展基础增速最快的城市却不是产业链水平最高的东部城市群，而是位于西部地区的成渝城市群，其增速达 24.62%，表明非东部城市群城市的产业链正在高速发展，力争缩小与我国东部城市群产业链水平之间的差距（张虎，2022）。其次为位于西部地区的中原城市群，其增速为 17.98%。增速最低的为位于东部城市群的辽中南城市群，其增速为 5.28%。以上数据表明，我国城市群间产业链现代化水平发展差距较大，呈现出"东高西低"的非均衡状态。

考虑不同城市群产业链现代化程度的不同，其实证结果见表 6 - 5。从表中结果可看出，对于东部地区城市群来说，其结果与前文总体实证结果是一致的，即当用地方规范性文件表示产业政策时，产业政策与产业结构合理化、高度化都显著呈现出负向相关的关系，当用地方工作文件代表产业政策时，产业政策与产业结构合理化、高度化显著呈现出正向相关的关系。然而对产业链现代化水平相对较低的非东部城市群来说，不论是使用地方规范性文件表示产业政策还是用地方工作文件表示产业政策，产业政策与产业结构合理化、高度化都显著表现出正向相关的关系。

表 6 - 5　　　　　　　　　　　异质性分析结果

变量	东部城市群		非东部城市群	
	产业结构合理化（SR）	产业结构高度化（SH）	产业结构合理化（SR）	产业结构高度化（SH）
	(1)	(2)	(3)	(4)
policynorm	- 0. 097 *** (0. 010)	- 0. 114 *** (0. 030)	0. 0874 (0. 010)	0. 087 *** (0. 033)
policywork	0. 001 *** (0. 007)	0. 102 *** (0. 021)	0. 0273 *** (0. 002)	0. 038 *** (0. 008)
cons	- 0. 333 *** (0. 095)	2. 697 *** (0. 304)	- 0. 352 *** (0. 111)	2. 466 *** (0. 368)
控制变量	yes	yes	yes	yes
R^2	0. 579	0. 605	0. 127	0. 604
N	1632	1632	2786	2781

由此得出结论，在产业链现代化水平相对较高的东部城市群，促进型及引导型政策占比较大的地方规范性文件与产业链现代化呈显著负相关，而规划型政策占比较大的地方工作文件与产业链现代化呈显著正向相关。对产业链现代化水平相对较低的非东部城市群来说，两种政策文件都与产业结构优化升级显著呈现正相关关系。因此，地方工作文件形式的产业政策对产业链现代化的促进效果更加稳定和显著，各地方政府应该根据自身产业链现代化程度的不同，选择适合自身的产业政策。

二、稳健性检验

本章进一步做了两个稳健性检验：一是更换主要解释变量的衡量指标，使用地方规范性文件的一阶滞后项（l.*policynorm*）替代地方规范性文件作为主要解释变量，使用地方工作文件的一阶滞后项（l.*policy-work*）替代地方工作文件作为主要解释变量；二是改变控制变量，只将人力资本、外商直接投资、政府支出及人口密度作为控制变量，进行回归检验，两种检验的结果均显示理论假说依然成立，即结果具有稳健性。

第五节　政　策　建　议

在全面构建社会主义现代化国家的新起点上，完成我国经济的高质量发展。结合本章研究结论，提出以下政策建议。

第一，倡导市场公平竞争，减小政府支配作用。推进产业链现代化是实现我国经济高质量发展的基本前提，现如今中央政府鼓励我国各城市群发展产业链现代化，各城市群地方政府应正确响应中央的号召，合理发布有利于产业链现代化建设与完善产业链体系的政策文件。本章经过对地方政策文件类别的梳理发现，以规划型政策为主的地方工作文件形式的政策对产业链现代化的促进效果较为显著且稳定。因此应鼓励地方政府对当地的产业链总体结合起来思考，对产业链现代化政策应从促进型、引导型转为规划产业链发展型，制订产业链现代化的总体规划。在发展当地特色产业链的同时避免过度重视该产业链，从而导致市场扭曲、不公平竞争和资源倾斜过度等问题。随着我国经济由高速度发展转为高质量发展，以及社会主义市场经济体制日渐完善，我国应大力倡导市场公平有序竞争，减小政府对市场的支配作用，充分发挥市场配置资源的决定性作用。

第二，鼓励产业政策科学转型，注重产业高质量发展。产业政策要向"适时适度""区别对待""科学合理"转型，避免"易变多变""一刀切"的情况，应转变为注重产业高质量发展，而非单纯追求数量规模。根据相关文献分析以及理论梳理发现，政府要适量发布产业链现代化政策，过度发布可能对产业链现代化的发展起到反向抑制的作用。因此，地方政府对产业政策的采用要注重其质量，应更加严格把关相关政策的发布情况。在增大对相关政策资助力度的同时缩小政策的准入口径，从侧重产业政策的数量增长转为侧重产业政策的质量。结合多产业链的情况，准确规划各产业链的发展。

第三，采用因地制宜的政策措施，合理推进产业链现代化。地方政府应该因地制宜地对不同的产业链采取不同的措施，重视产业链现代化政策对产业链现代化的促进作用，合理的产业链现代化政策才能有效促进产业结构的优化升级。根据前文对产业链现代化及产业链现代化政策的异质性分析，我国不同城市群之间产业链现代化政策的影响效应存在异质性。因此，应正确理解产业政策制定实施的重要性。地方政府应采取因地制宜、因地施策等措施，根据产业区位优势及产业链发展程度的不同，结合国家产业政策，使同一城市群内城市间的政策有效交互配合，充分发挥各城市群比较优势，有效促进各类要素合理流动和高效集聚，推动城市群产业链现代化进程，加速形成高质量发展的区域产业布局。恰当应对与宏观经济逆周期调控政策的关系，重点关注未来发展趋势，并注重政策的持续性和稳定性，确保政策的长期有效性。

第六节　本章小结

本章首先利用与产业链现代化相关的地方规范性文件和地方工作文件的累计数量对产业政策实行了定量识别，解决了产业政策效应实证中定量难题，并根据不同的特征对产业政策进行了描述性分析。本章基于2005～2020年中国十大城市群156个地级市的面板数据，实证检验产业政策对产业结构合理化和高度化的影响效应及作用机理，运用系统GMM估计法检验产业政策的内生性问题，检验十大城市群之间的空间异质性效应。

研究结果表明：第一，在2005～2020年，各城市群政府发布的产业政策相关工作文件较多，远高于规范性文件，且两类文件的结构也有显著性差别。第二，合理的产业政策会显著促进城市群产业结构优化升级，且以规划型文件为主的产业政策对产业链现代化的促进作用比促进型和引导型产业政策更加稳定。这肯定了产业政策的价值，政府对市场失灵的调整是显著有效的。第三，东部城市群与非东部城市群之间在产业政策实施效果方面存在显著的空间异质性。在东部城市群，包括京津冀城市群、山东半岛城市群、辽中南城市群、关中平原城市群，该地区地方规范性文件与产业结构合理化、现代化呈负相关关系，该地区地方工作性文件与产业结构合理化、现代化呈正相关关系。在非东部地区城市群，包括成渝城市群、长三角城市群、长江中游城市群、珠三角城市群、中原城市群、海峡西岸城市群，该地区地方规范性文件及地方工作文件都显著促进产业链现代化。

第七章

中国城市群产业链现代化的实践经验

长三角、粤港澳大湾区作为中国经济发展的三大增长极中重要的两极，肩负着推动经济高质量发展的使命，起到开放"窗口"、经济支撑、辐射带动和改革示范的重要作用。2021 年在《国家综合立体交通网规划纲要》中首次将成渝地区双城经济圈与京津冀、长三角、粤港澳大湾区并列为未来国家综合立体交通网主骨架的"4 极"，至此，成渝地区的战略和交通地位跃升，要将成渝地区打造成具有全国影响力的重要经济中心、科技创新中心、改革开放新高地、高品质生活宜居地，打造成带动全国高质量发展的重要增长极和新的动力源。

长三角一体化上升至国家战略以来，长三角地区的产业结构进行了全面的转型升级，聚焦于战略性新兴产业，区域发展的质量稳步提升，现代化产业体系建设取得显著成效。长三角地区协同创新发展，围绕着产业链布局创新链，以产业需求支撑创新活力，营造积极的创新环境，共同促进释放长三角地区技术、业态、模式的发展潜能。长三角国家技术创新中心与全球将近 150 家高校机构和 240 多家各领域的龙头企业建立合作关系，建设研发载体超过 70 家，研发人员超过 1.2 万人，充分发挥了自身示范带头作用，为实现产业链现代化强基固链。长三角地区注重发挥城市群的集群效应，在新能源、人工智能、集成电路等领域良好的产业发展基础之上打造一批新的经济引擎，培育一批先进制造产业集群，在集群内形成合力，优化生产资源配置，促进发展深度融合，提升区域间产业体系的能级和发展质量。

粤港澳大湾区是中国式现代化的引领地，是我国新发展格局的重要战略支点，在我国经济转型之际，肩负着国家高质量发展的时代重任。粤港澳大湾区拥有丰富的人才资源以及产业基础，是全国人口最密集、产业最聚集的区域之一，始终坚持发展制造业，坚实制造业基础，着力打造世界级高技术产业集群，发挥支柱型产业的集群优势，推进高技术产业创新发展，提升粤港澳大湾区的全球影响力和竞争力，打造国际一流湾区。湾区更要发挥其创新技术优势，辐射周边地区，推进产业高端化，为实现产业链现代化发展展现出良好的示范作用。

推动成渝地区双城经济圈建设对于打造西部地区高质量发展增长极具有重要意义，重点建设内陆开放战略高地，不仅能够强化成渝地区在西部大开发中的战略支点作用，还能够联结"一带一路"和长江经济带，有利于缓解沿海与内陆间区域发展不平衡、不充分的问题。近些年来，成渝两地合理健全产业协同机制、完善产业协同生态、丰富产业协同载体，尤其是在电子信息、数字经济、汽车制造、装备制造业等领域重点发力，通过培育和引进链主企业，在产业链现代化建设方面取得显著成效。成渝地区合力打造分工明晰、协同创新、有序竞争的现代产业体系，为双城经济圈发展注入创新活力。

长三角、粤港澳大湾区、成渝地区双城经济圈拥有最活跃的经济组织、最发达的先进制造业、最丰富的科技创新资源、最优越的科技创新成果，共享创新指数位居前列，在构建现代产业体系中发挥了重要力量，据此，本章选取以上三个城市群作为中国城市群中的典型代表展现城市群产业链现代化的发展成果，分享实践经验。

第一节　长三角城市群战略性新兴产业链现代化发展实践

　　所谓产业链是指不同产业之间由于存在技术经济联系，从而形成了一种链式网络结构，更注重的是产业之间的相互关系。实现产业链现代化、促使产业链高效有序运转离不开要素和主体的协同发展，产业作为产业链中的主体，发挥区域协同优势、形成产业龙头聚集区，对于长三角城市群产业链现代化具有重要意义。长三角城市群在电子信息、生物医药、高端装备制造等领域合作密切、联动发展，打破了以往单打独斗的局面，充分发挥三省一市各自优势，聚力推进产业链现代化发展进程。

一、集成电路产业

　　长三角地区的集成电路产业基础雄厚，是我国国内集成电路产业综合水平高、产业链结构完整、产业生态环境好的集聚地之一。长三角地区在政策、资源、资本、技术等方面的支持推动下，形成了以上海为中心，江苏、浙江和安徽三个区域分工明确、相互协作的产业链集群。在未来，长三角将建设创新高地，以创新为引领，加速推动长三角区域内的产业集聚，打造"中国自主可控 IC"产业。

　　注重产业链自主创新水平的提高，给予相应的政策支持。长三角地区针对各地发展目标，在协同攻关机制、重大装备联动开发、EDA 工具开发等方面重点进行了政策支持。依托长三角国家技术创新中心，建设集成电路关键零部件和材料、核心算法技术攻关"揭榜挂帅"需求信息发布平台，服务企业技术研发和产业链发展合作需求，支持企业在长三角重点高校开展 EDA 工具应用大赛等。

产业梯度明显。目前长三角地区集成电路产业基本上以浦东为龙头，联动各区，形成了"一核多极"的产业布局（见表 7-1）。长三角地区的集成电路产业整体技术水平处于国内领先地位，在先进设计方面已经进入 6 纳米水平，制造工艺已经在 14 纳米芯片上实现量产，5 纳米刻蚀设备已应用于全球先进的集成电路生产线。南京、苏州、合肥和杭州等地则各自发挥其特长，如上海以供应芯片为主，具有芯片制造、封装方面的优势；苏州以提供液晶面板为主，并且有多家液晶面板企业聚集；无锡虽同时涉足面板与芯片领域，但其最大的长处是在芯片的封装上，合肥等则以代工组装为主。

表 7-1　　　　　　长三角地区集成电路重点产业园区建设情况

地区	园区建设	发展状况	重大建设项目
上海	张江 IC 设计院	集聚近 200 家 IC 设计企业，包括全球芯片设计 10 强中的 6 家；拥有全球最完善的集成电路产业链支撑；出品了 100 余项国内领先产品	上海浙江大学高等研究院 上海交通大学高等研究院 上海市人工智能行业协会 托马斯数据科学与金融科技实验室 杜邦上海创新中心开放式平台 熙华创新药后期研发一站式服务平台
	临港东方芯港	汇聚 40 余家集成电路产业标杆企业，拥有一批与国际先进水平接轨的集成电路企业	上海国微 EDA 研发中心 上海微技术工研院化合物半导体创新研究平台等
江苏	无锡信息产业科技园	依托国家级集成电路设计产业基地，以大规模集成电路产业和光电子产业为主，重点发展集成电路的设计研发、晶圆片制造等	—

续表

地区	园区建设	发展状况	重大建设项目
浙江	杭州集成电路设计产业园	主要涉及国产集成电路芯片设计、电脑硬盘、大数据磁盘阵列等产业；集成电路设计相关产业总部及研发基地	引入国家、省市各级重点企业研究院、实验室及高校产学研中心；园区已经集聚包括已落户的有华感科技、奥创光子、御渡半导体、名光微电子、微引科技等20余个优质项目
	绍兴集成电路产业设计产业园	2022世界半导体大会创新峰会上，绍兴集成电路产业园荣获中国集成电路高质量发展优秀园区	省重大产业项目的宝武碳纤维项目；宇越新材料有限公司年产60万吨的光学级功能性膜材料制造项目
安徽	空港集成电路配套园区	将集成电路设计、封装、测试、制造各环节互联，从核心产业布局、规划理念特色、发展路径、园区环境建设、人才项目引进途径等多个方面入手，最终打造出一个产业配套合理、生活配套全面的综合性园区	合肥长鑫集成电路制造基地项目

资料来源：根据各地方政府、各企业官网等整理所得。

二、新型显示产业

长三角地区是我国新型显示产业主要聚集地（见表7-2），由于布局落地多条产业，长三角地区产业链上游基础良好，同时，也已成为国内新型显示产业要素最密集、最丰富、最高端的区域之一。

呈现出明显的区域集聚特征。长三角地区主体要积极面向世界新型显示科技最前沿，把握产业链发展智能化、绿色化、分享化的新趋势。通过搭建技术创新平台、产业交流体系等方式，发挥域内人才富集、科技领先、制造发达、产业链供应链集聚和市场潜力巨大等诸多优势。

表7-2   长三角地区新型显示产业重点园区建设情况

地区	园区建设	发展状况	重大建设项目
安徽	—	已形成以显示面板为核心，以玻璃基板、偏光片、光学膜、驱动 IC、靶材等为配套的全产业链布局；2020 年，安徽新型显示产业年产值突破 1000 亿元，液晶显示器件主营收入超过全国液晶显示器件总收入的五分之一；合肥拥有全球唯一的 4 条高世代面板产线，面板产能余额占全球总产能的 10%	京东方国家地方联合工程实验室；彩虹平板显示玻璃工艺技术国家工程实验室；乐凯光学薄膜国家企业技术中心；安徽省平板显示工程技术研究中心；"柔性 AMOLED 技术开发""量子点发光显示关键材料与器件研究"等诸多国家级研发和产业化项目
江苏	昆山光电产业园	已形成"原材料—面板—模组—整机"的完整产业链条，每个关键环节都有相应的龙头项目	低温多晶硅（LTPS）显示面板增资项目
上海	张江科学城	以发展 AMOLED 产业为主	前道 ArF 光刻工艺涂胶显影机；静默式光刻工艺涂胶显影机及单片式化学清洗机等高端半导体专用设备
上海	金山园	上海奥莱德、九山电子等一批有影响力的产业链上下游企业纷纷落地，已形成产业集聚效应	和辉光电二期项目
浙江	—	完成以半导体发光为主导的新型显示材料全产业链布局；形成了智能显示材料产业链集聚优势	

资料来源：根据各地方政府、各企业官网等整理所得。

着力推动区域间协同创新。支持新型显示产业头部企业、领军企业组建体系化、任务型合力创新联合体。构建风险共担、收益共享、多元主体的协同创新共同体，鼓励联合体、共同体增加研发投入。自发组建战略联盟，实现共同发展，并且依托跨区产学研联盟有效地推动技术的发展，众多公司会与大学建立长期合作关系，如已合作建成的江苏省半导体照明工程技术研究中心、江苏省半导体照明检验中心、扬州—南京大学半导体照明研究院等研发机构。

三、新能源汽车和智能汽车产业

长三角地区汽车产业链发展迅速，近年来，新能源汽车产业纷纷布局长三角，已经形成以上海为总部、在苏浙皖设制造基地的联动模式。

完善的产业发展顶层规划。长三角各省份不断出台产业链发展顶层规划，通过分析各省份的现实基础和发展优势，明确发展目标和总体布局，坚持以产业集群发展，逐步形成专业化、协作化、联动化的新能源汽车发展格局。各项规划明确了重点发展领域、加强自主品牌培育、完善各项配套设施等多方面内容，促使产业稳步有序发展。综合来看，各省份都强调了新能源汽车在汽车产品形态、产业链生态、交通出行模式、能源消费结构等方面会发生重大变革。通过跨省市的交流合作，可以在智能网联产业赋能、关键零部件技术创新研发、充电设施等新型基础设施构建等方面，促进区域间产业优势互补与合作共赢。

优势互补、协同发展的产业链群。长三角地区早在 2016 年，就成立了长三角新能源汽车发展推进联盟，同时组建了"长三角新能源汽车产业联盟"，"三省一市"以及包括上汽、吉利、奇瑞在内的 73 家新能源汽车产业链企业共同响应，旨在共同推进长三角汽车产业链生态圈。"三省一市"通过产业链联盟的方式进行优势互补。上海是全国经贸中心，聚集了大批具有世界和行业领先地位的整车企业；江苏是制造业大省，整车产品特色明显，零部件产业配套齐全；安徽拥有丰富资源，人力资源充足，大量国内车企在这里形成产业集群；浙江在数字经济方面优势显著，在推广和应用方面处于全国领先地位。各方资源的差异化和可协同性，使得长三角可以协同推进汽车产业一体化可持续发展（见表7-3）。

表7-3　　　　长三角地区新能源汽车和智能汽车产业重点园区建设情况

地区	园区建设	发展状况	重大建设项目
上海	特斯拉上海超级工厂	中国首个外商独资整车制造项目，同时也是特斯拉首个海外工厂，年产量占特斯拉全球总产量的30%	主要负责特斯拉公司在中国的软件、硬件、流程、技术的开发工作，并负责中国市场的应用适配和标准测试，以及参与全球人工智能机器学习方面的研究和开发工作
上海	汽车新能港	主导产业为新能源汽车及汽车智能化，以新能源汽车"三电"企业为核心，围绕汽车智能化、电子化的融合发展战略，集聚了一批新能源汽车领域的龙头企业、重点项目	上海汽车电驱动有限公司、精进百思特电动（上海）有限公司、国轩高科股份有限公司、莱尼电气系统（上海）有限公司、上海情罐电子有限公司、上海成派格智慧水务股份有限公司
江苏	盐城新能源汽车产业园	以发展整车和关键零部件为重点，是集新能源汽车整车制造、关键零部件生产、技术研发、物流、商贸服务于一体的综合性、复合式国际化的园区	东风悦达起亚新能源汽车项目；中航锂电、德昌电机、法国佛吉亚汽配、美国江森座椅、凌云汽配等关键部件项目落户
浙江	温州新能源汽车基地	蔚来、理想、小鹏及一批新能源汽车品牌陆续挂牌营运	—
安徽	安庆新能源汽车零部件产业园	主要生产助力转向电机、新能源汽车电动压缩机、新能源汽车驱动电机等品类产品	—

资料来源：根据各地方政府、各企业官网等整理所得。

四、生物医药产业

长三角地区是全国生物医药产业高地，贡献了全国约30%的产值、近30%的药品销售额，拥有全国1/3的生物医药产业园区，根据2021年国家生物医药产业园区综合竞争力排行榜，排名前十的产业园区中，该地区就有三个，同时长三角地区还贡献了2018～2020年获批国产1类新药总数的近70%，其药物研制全领域领先、高端医疗器械领先全国。长三角地区以上海、苏州为生物医药产业核心，与南京、泰州、杭州、连云港、亳州等城市形成了具有一定影响力的区域性产业集群，现已经具备打造世界级产业集群的基础条件。

形成以"上海为核心，江苏、浙江为两翼"的产业分布格局。上海是长三角地区乃至我国生物医药的技术研发与成果转化中心，已经形成了以国家基因组南方中心、中科院药物所为主的"一所六中心"体系。浙江在化药领域已经形成了一条完整的从原料药到制剂再到流通环节的产业链，并在医疗器械、生物药品和第三方检测等方面，也产生了一批具有自主知识产权的创新企业。目前，浙江已经形成杭州生物产业国家高新技术产业基地、台州医药国家新型工业化产业示范基地、临海医化园区、余杭生物医药高新园区、绍兴滨海现代医药高新园区、德清县生物医药产业基地、桐庐（国际）生命健康产业先行试验区等产业版图。江苏的生物医药产值在全国排名第一，是生物医药产业最具成长性和活跃性的区域，是我国生物医药制造业的领跑者。其中南京自贸片区聚焦"基因之城"建设，正在聚力打造千亿级生命健康产业集群。

一盘棋考虑，构建错位发展、优势互补的产业体系。浙江、江苏、安徽、上海"三省一市"围绕生物医药产业，根据自身的产业基础、产业结构层次和比较优势推出了新时期的产业发展规划，"三省一市"还联合发布了《协同推进长三角中医药一体化高质量发展行动方案》，推动形成优势互补、错位发展、梯度有序的产业生态，以下为该地区的优势布局（见表 7-4）。

表 7-4　　　　　　　　　　　　长三角地区优势布局

地区	优势	发展重点
上海	在国际联系、研发机构、科研院所、大实验装置等创新链环节具有较为显著的优势	重在加强基础研究与源头创新，强化张江生物医药研发创新对长三角地区的辐射带动作用
江苏	具有全国最强的产业化优势，发挥苏州、南京、泰州、连云港等各地优势	提升产业智能化发展水平，构建特色鲜明、优势互补、协同有序的产业创新高地
浙江	生产优势与数字经济耦合优势明显	推动大数据、人工智能与生物医药的融合，打造全国生物经济先导区和生物数字融合示范省
安徽	中医药产业优势明显	充分利用长三角地区以及国际要素资源，加快科技创新攻坚力量和成果转化运用体系建设，以亳州中医药、太和现代医药等为重点构建现代医药产业体系

资料来源：根据各地方政府、各企业官网等整理所得。

　　跨区域协调，打造长三角协同创新发展联盟。政府引导、企业自主，建立长三角医药产业相关战略联盟，筹办多类型产学研研讨和行业交流活动，协同推进长三角区域生物医药产业信息共享、产学研医合作创新、人才培养等，共商医药产业高质量发展大计，打造优质的区域产业创新发展联盟，助力长三角打造世界级生物医药产业集群（见表 7-5）。例如，2021 年 5 月，"三省一市"工信（经信）部门牵头在苏州组建了长三角生物医药产业链联盟；2021 年 12 月，长三角医药创新发展联盟成立大会暨长三角"十四五"医药创新发展论坛在上海召开。

表 7 - 5 　　　　　　　　　　长三角地区生物医药聚集区建设情况

地区	重点区域	发展状况	重点建设项目
上海 （浦东区）	张江科学城	集聚了 1400 余家生物医药创新主体，其中全球排名前十强的医药企业有 7 家，全球排名前 20 强的医药开放式创新中心有 9 家； 拥有首个国内自主研发的抗肿瘤新药——和记黄埔医药的一类新药呋喹替尼，全球首个获批的适用于所有铂敏感复发卵巢癌患者的 PARP 抑制剂——再鼎医药的尼拉帕利，首个国产上市的重组人源化抗 PD - 1 单克隆抗体； 目前已聚集了 550 余家高科技研发企业，形成了新药创制、医疗器械、生物技术等产业集群	蓝帆医疗科创总部及产业化基地项目； 三叶草生物上海研发中心； 宜明昂科总部暨生物药产业化基地
江苏	苏州生物医药产业园（BioBAY）	成为近 35000 名高层次研发人才集聚、交流、合作的创新产业生态圈； 园内在境内外上市的企业数量已经达到 23 家（其中三家企业两地上市），园内企业每年吸引社会资本投资约 100 亿元，累计融资规模超过 500 亿元	基因与细胞治疗、高端医疗器械、AI 制药以及核酸药物等项目
浙江	长三角生物医药产业技术研究园	依托花园生物、康恩贝、尖峰药业等龙头骨干企业，目前金华健康生物产业园已经形成了以"化学制药为基础、生物制药为先导、维生素 D3 系列为特色"的产业格局	浙江寰领医药科技有限公司现代化制剂生产基地项目
安徽	未名生物医药产业园	项目总投资 200 亿元，建筑面积 120 万平方米，分三期建设，将打造合肥生物"药王谷"； 园区容纳 30～50 条生物制药生产线，主要研发和生产细胞因子药物、多肽药物、抗体药物等多种生物药物	生命科学研究中心； 国家大基因中心； 国际免疫中心

资料来源：根据各地方政府、各企业官网等整理所得。

　　政策、制度创新，建立长三角跨区域药械产品协同监管机制。上海及其他三省协同发力，助推长三角医药、医疗器械产业高质量一体化发展。2020 年 12 月在上海成立了医疗器械技术审评检查长三角分中心和国家药监局药品审评检查长三角分中心，以此推动药品和医疗器械产品行政审批加快，促进医药研发科技成果加速从实验室到消费端的转化。同时建立长三角药品科学监管与创新发展一体化协作会议制度，约定 4 地共同探索建立区域药品监管领域"互认互信、联查联审、共建共享"长效合作机制，共同推进区域药品、医疗器械、化妆品等领域科学监管和创新发展一体化建设。

五、新材料产业

长三角地区因交通物流便利、产业配套齐全、工业基础雄厚，成为我国新材料产业基地数量最多的区域，占全国新材料产业基地总量的 1/3 以上，形成了生物医药、电子信息、新能源、航空航天等领域的新材料产业集群。其中，上海是我国新材料开发生产的重要基地。江苏新材料产业综合实力较强，在全国新材料产业中占有较大的比重，在新型功能材料、纳米材料和多晶硅材料等领域处于国内领先地位，初步形成了国际竞争力。

长三角地区的新材料企业主要集聚在上海、苏州、无锡等城市。在长三角中心区 27 个城市中，上海、杭州、苏州、南京、无锡、宁波、常州的新材料企业数量最多，占中心区城市新材料企业数量的 67.3%，在空间分布上，呈现出沿长江、杭州湾的"Z"形分布格局。

各省份新材料产业环节总体相似但各有侧重。上海形成了以复合材料、高性能纤维、新型金属材料以及先进高分子材料为特色的产业集群。浙江的新材料产业则具有规模大、品种多，区域集中等特点，该市着重发展高性能无机材料、功能高分子材料、有机硅材料、磁性材料等。长三角地区新材料产业中，江苏是在发展态势、集群规模、领域布局等方面发展最好、最完备的地区，主要发展以先进高分子材料、高端金属材料为代表的先进基础材料，和以高性能纤维、石墨烯、纳米材料为代表的前沿新材料产业。安徽新材料产业目前初步涵盖新型显示材料、关键电子材料、高端金属材料以及新能源材料等产业体系，并初步形成了滁州、蚌埠两大硅新材料生产基地，马鞍山高性能钢铁新材料产业集群和铜陵金属新材料产业基地（见表7-6）。

表7-6   长三角地区新材料产业园区建设情况

地区	重点区域	发展状况	重点建设项目
上海（浦东区）	上海超能新材料科创园	邻近上海大学、同济大学等高校院所，可承接高校科研资源，与周边区域的研发技术总部对接，集聚高新技术产业； 科创园已拥有上海市石墨烯产业功能型平台（上海科创中心的四梁八柱之一）、上海超导产业基地、上海申和热磁等新材料领域的一批头部企业和功能型平台； 集聚科勒电子、西德科东昌汽车座椅、霍富汽车锁具、光驰科技、安川机器人、相宜本草、复星长征、衡道医学、超碳石墨烯、国际超导科技、钢联电子等300家重点企业；院士专家工作站3家、3家跨国企业总部及研发中心	信宝石墨烯材料电子元器件项目
江苏	镇江新区新材料产业园	目前企业近130家，聚集了比利时索尔维、德国巴斯夫、德国赢创、瑞士科莱恩、韩国SK等一批世界500强公司以及中国台湾联华神通、奇美化工、南帝化工、浙江新安等上市公司和知名化工新材料企业	镇江江化微工业级化学品及再生项目
浙江	杭州新材料产业园	产业园打造以"高端装备新材料"为主、"医用新材料"为辅的"1+1"产业结构，围绕河上镇龙头企业百特聚焦新材料企业，打造新材料产业集群，现已入驻企业16家	浙大萧山新材料研发中心；极铝新材料研发中心及产业化基地；锐河碲锌镉材料产业基地；梅清科技医用数字胶片产业化基地

续表

地区	重点区域	发展状况	重点建设项目
安徽	安庆高新区	目前园区内已聚集欣凯医药、海辰药业、普利制药等15家医药类上市公司；与北京化工大学合作共建的北京化工大学安庆研究院、省级孵化器——安庆生命科技园等；已经拥有省级以上企业自主建立的研发平台13家、市级11家	集泰新材料有限公司新材料产业基地项目

资料来源：根据各地方政府、各企业官网等整理所得。

六、高端装备制造业

长三角地区是全国装备制造业的重镇，呈现以上海为核心，南京、杭州、合肥、无锡、苏州、绍兴、嘉兴、舟山、南通、扬州、金华、泰州、芜湖等地为重点城市的圈层分布格局。在装备研发和创新方面，以上海、苏州、杭州、合肥、南京等区域中心城市为主。目前，长三角地区在医疗装备、环保装备、海洋装备、数字机床、增材制造、工程机械、数字机床等高端装备制造领域具有较成熟的集群发展态势。从全国来看，长三角地区的装备制造业从业人员占比高于全国平均水平近8%，主营业务收入占全国整体的40%左右，利润率比全国平均水平高近0.5%。由此可见，长三角地区作为我国高端装备制造产业发展的核心地区，现已具备良好的产业基础和发展态势。

长三角地区在城市层面逐步形成了两大高端装备制造业集群，分别是上海、苏州、无锡组团形成的高端装备制造业集群，三个城市的相关企业数量最多，以及杭州、宁波、绍兴组团形成的高端装备制造业集群。另外，以南京为中心，形成了一个高端设备制造企业的聚集高地，这一区域表现出了一定程度的虹吸效应。

在识别高端装备制造业企业空间分布的基础上，可进一步对高端装备制造业的细分行业领域中的头部企业和所在城市进行识别。充分发挥头部企业的引领作用。总体来看，长三角地区高端装备制造业头部企业主要分布在江浙沪三省市，但不少头部企业正不断将产业链向安徽扩展，例如，上海新时达在芜湖经济开发区投资设立企业，加上安徽艾夫特在基于工业云的下一代机器人和服务机器人领域布局，芜湖也成为长三角地区重要的机器人产业重镇。因此，在市场、成本和宏观政策的综合影响下，以头部企业为主导的本地，尤其是城市间高端装备制造产业集群在长三角地区已经逐渐形成和发展（见表7-7）。

表7-7　　　　　　　　长三角地区高端装备制造产业园区建设情况

地区	重点区域	发展状况	重点建设项目
上海	高端装备临港产业园	区域内已建成2个2万吨（水工结构兼容5万吨）码头泊位，实现对外通航。岸线资源丰富，可建设5万吨级以下码头泊位41个。内港池可规划建设2万~5万吨泊位，吊机可装载产品直接上船，具备承载"重进重出"临港装备运输条件； 产业园吸引了船舶及海工装备、新能源装备、化工装备等行业20个企业落户； 区域基础设施配套齐全，拥有2座110千伏以上变电所，实行双回路不间断供电，电力充足、稳定。天然气供应充足，规划三条管线经过，已建成的如崇线年输送能力达18亿立方米。现有污水处理厂2家，总供水能力达10万立方米/日，供水压力不低于0.2Mpa，日处理污水能力达3万吨。规划新建1家日处理能力达20万吨的工业污水处理厂	聚集了长风海工、海力风电、道达新能源等10多个重大项目，总投资432亿元，用海面积7491亩（1公顷=15亩，下同）

地区	重点区域	发展状况	重点建设项目
江苏	无锡惠山高端装备产业园	目前园区已拥有企业 300 余家，其中制造业企业 100 多家、规模以上企业 60 多家、高新技术企业 40 多家、各类高校科研机构 5 家、院士工作站 3 家，拥有上能电气、云内动力等 5 家上市企业；已初步形成了汽车零部件产业集群、汽车发动机研发及整车测试标定产业集群、新能源产业集群、先进环保设备产业集群、先进装备制造产业集群、云数据产业集群、科技研发平台和高端物流仓储服务平台	明恒混合动力项目；16L 发动机及重型天然气机制造项目；摩尔精英、石墨烯提纯装备、大型复杂构件智能装备制造、凯信小分子药物研发生产、健翌数控装备、纳泉 CNE 智慧储能、锋巢新能源汽车检测、惠山云计算中心 8 个项目正式投产
浙江	北仑区灵峰现代产业园	智能成型装备产业集群集聚了海天集团、力劲科技、澳玛特等近百家智能装备企业，以及国家智能制造装备产品质量监督检验中心（浙江）等创新服务载体，注塑机产值占全国注塑机总产值 50% 以上	艾思科高端汽车音响和通信电子产品项目
安徽	马鞍山市中联重科智能产业园	—	格力（马鞍山）智能产业园项；建设超声及电外科能量研发平台产业化基地

资料来源：根据各地方政府、各企业官网等整理所得。

七、绿色环保产业

长江三角洲地区是我国最大的节能环保产业集群之一，其产业现有技术基础、产业整体效益、产业创新平台、产业整体机制均处于全国领先的位置，其对其他城市及城市群节能环保产业的发展有良好的参照作用。对照长三角产业集群，重庆市节能环保产业集群需要坚持创新在产业发展中的核心地位，攻克该产业关键核心技术、推动产业与创新深度融合，同时，完善技术创新体系的建立，全面推进技术、管理、制度和模式等方面的创新，完成重点领域和核心技术方面的重点突破，促进重庆市节能环保产业创新能力和发展水平的共同发展。针对实现节能环保产业与创新的深度融合，实现创新引领产业发展，建立长三角世界级节能环保产业集群的问题，其关键在于功能平台、关键技术、龙头企业、产业基金四方面的规划，具体有以下若干措施：

大力支持培育龙头企业，推进龙头企业的发展，进而引领产业链创新链升级，完善产业链现代化。一方面，鼓励培育壮大创新型千亿级及百亿级旗舰龙头企业，为其提供更加有力的投入，助推龙头企业做大做强，以龙头企业带动小微企业发展，并积极推动长三角地区绿色环保产业龙头企业产业链、供应链在海内外的合理布局，致力于扩大长三角环保产业在全球的影响力，积极响应国家发布的以国内大循环为主体，发展国内国际双循环的双循环战略。另一方面，支持促进微小企业的发展，在节能环保产业的各个细分产业领域，积极培育壮大具有较大产业技术基础优势及核心竞争力的中微小企业，致力于该产业链整体竞争力和综合实力的提升，助推构建一个龙头企业主导、中小微企业支撑，具有强大竞争力的先进的现代产业体系。

致力于产业创新能力的发展，坚持创新在产业发展中的核心地位，支持一体化节能环保产业创新功能综合平台的建设。长三角地区应积极学习优秀可供参考的案例模式，如德国史太白基金会等的产业发展路径，加强城市之间的信息交流强度及技术学习强度，促进城市间的协同发展，推进上海低碳技术功能型平台在研发、转化等方面的服务水平。联结长三角地区"三省一市"相关创新功能综合平台，实现地区间资源共享，技术交流，优势互补，共同进步。

致力于关键技术的突破，联合攻关节能环保产业的关键技术。紧紧围绕以中心城市为核心的关键核心技术攻关的战略布局，在上海、南京等中心城市牵头下，积极组织各领域龙头企业的各地国家级科研院所、研究院、相关高校、国家级工程技术中心等科技精锐，作为各领域关键技术发展的主力军，助推产业关键技术的突破，由技术研发力量最强的科技精锐带领其他研发机构及组织进行跨区域的联合研发攻关，成立合作研发联盟或协会。

致力于研发资金的投入，积极设立一批跨区域的与节能环保产业相关的基金。支持鼓励我国长三角地区国企、央企、金融机构和民企等设立长三角地区的节能环保产业创新发展基金。一方面，负责孵化绿色创新成果，积极进行科技基础研究与应用及企业重组等；另一方面，灵活地运用各方资源，致力于突破行政区之间的各种信息流通、技术交流等障碍，以更好地解决龙头企业成长中的一系列资金问题及协同问题等。

第二节　粤港澳大湾区高技术产业链
　　　　现代化发展实践

据国家"十四五"规划的明确要求，粤港澳大湾区承担着"建设世界第一科技走廊"的时代要务，即以全球技术和产业链发展前沿为导向，大力发展以高技术产业为代表的新科技、新产业和新业态，从而打造以科技为增长点的高质量发展体系。多年来，依托以高技术产业为代表的科技创新力量，粤港澳大湾区已位列世界科创集群前十，其深港广创新集群全球创新指数位居世界第二，具有相当意义上的全球影响力。

强大的科创与制造能力是粤港澳大湾区的突出优势之一。换言之，对大湾区的产业链现代化发展进行研究必须着力于高技术产业这一特色与主力优势产业。目前，大湾区内地九市已形成"研发—制造—应用"

的完整高技术产业链，对整个大湾区现代经济体系的建设发挥了无可替代的代表性作用。未来，该产业仍将是大湾区经济高质量发展的内生动力。因此，本节将围绕粤港澳大湾区医药制造业、电子信息产业、科学仪器产业和航空航天产业四大高技术产业代表性细分领域，对这一产业链的现代化发展实践展开描述。

一、医药制造业

医药制造业是关乎国计民生的重要产业。粤港澳大湾区作为我国医药制造业的重要聚集区，拥有广州、深圳等生物医药发展重点城市，建有广州开发区、深圳高新区等多个中国领先的生物医药产业园区（见表7-8），医药制造业基础完备、实力领先、成就显著，近年来发展迅速。当前，粤港澳大湾区已具备较为完备的医药制造业产业链，涵盖医药研发、生产和销售等全产业环节，形成了涵盖药品、试剂和医疗器械等的全方位、多领域的医药产业现代化体系，生物制药、中医药和基因检测等领域具有全国范围内的比较优势；形成了广州国际生物岛、中山国家健康科技产业基地、珠海国际健康港等医药产业集群，初步具备规模效应，广州和珠海也已入选全国首批国家战略性新兴产业集群之生物医药产业集群。

表7-8 粤港澳大湾区医药制造业园区建设情况

地区	园区建设	发展状况	重大建设项目
广州	粤港澳大湾区生物医药产业创新平台	打造生物医药产业药物研发、产业化、综合服务和安全评价等全链条集群，促进大湾区生物医药产业集聚，孵化和转化一系列创新药，助力建设"广—深—港—澳"科技走廊，并填补大湾区生物医药产业链中核心技术服务平台的空缺	创新药物一站式药物非临床评价研究关键技术平台项目；粤港澳大湾区（从化）一站式化学新药研发服务与创制平台项目；与中国实验灵长类养殖开发协会合作

地区	园区建设	发展状况	重大建设项目
深圳	中城生物医药产业园	目前运营 4 个生命科学园主题园区； 生命科学产业纯度达 90% 左右，覆盖诊断、治疗、康复、预防等各类产品，产业链完整，且产业集聚度高，具有明显的吸引生物医药企业优势； 在园区核心区域布局了以先进医药制造业为主题的第四分园	深城投 & 中城生命科学园（总园）项目； 中城坪山生命科学园 1～3 分园项目
珠海	粤澳合作横琴中医药科技产业园	拥有 1 个国家重点实验室，24 个国家及省市级企业技术中心与工程中心，7 个博士后科研工作站，2 个高校附属生物医药公共实验室，6 个公共服务与创新平台	与北京大学天然药物及仿生药物国家重点实验室、澳门大学中药质量研究国家重点实验室共同成立珠海市横琴新区北澳中医药创新研究院
佛山	佛山云东海生物医药产业园	广东省唯一的生物医药政策特区，自2021 年启动建设至今已引入 2 个百亿项目； 积极与广东药监局合作，落地 5 个省级药品和医疗器械领域平台； 明确两大重点发展的细分赛道：现代中药、家用创新型医疗器械	朗华工业智慧供应链项目； 广东医谷产业园项目
东莞	松山湖生物医药产业基地	2022 年共引进 37 宗项目； 聚集了安迪科、红珊瑚药业、现代牙科、普门生物等一系列生物医药企业	诊断试剂核心原料、体外诊断仪器及配套试剂解决方案研发生产项目二期； 三生制药生物制品研发与产业化项目一期；
香港	衍生健康医药产业园	形成同时融合一二三产业链的综合型产业园； 集种植、研发、生产、销售、文旅和康养等元素于一体，打破了衍生健康医药产业的传统工厂模式； 目前致力于打造彭祖中医药文化养生旅游产业基地、世界领先级妇儿产品生产基地、南药科普基地	与"大中华药食同源协会"大中华地区专业机构合作； 中国传承中医中药文化研学教育旅游项目

资料来源：根据各地方政府、各企业官网等整理所得。

　　政策扶持是产业链现代化发展的重要推动器。作为粤港澳大湾区的重点发展产业之一，医药制造业在此拥有显著的政策扶持优势。2019

年，中共中央、国务院印发《粤港澳大湾区发展规划纲要》，明确指出要支持港深创新及科技园、中新广州知识城、南沙庆盛科技创新产业基地、横琴粤澳合作中医药科技产业园等重大创新载体建设；推动优质医疗卫生资源紧密合作；发展区域医疗联合体和区域性医疗中心。2020年，国家药监局、国家市场监管总局等八部门联合发布《粤港澳大湾区药品医疗器械监管创新发展工作方案》，为大湾区建设高质量医药制造业科技创新平台、推动医药制造业深入转型和发展提供了政策方面的可靠保证。随后，广东省接连发布《广东省促进医药产业健康发展实施方案》《关于促进生物医药创新发展的若干政策措施》等一系列政策文件，支持粤港澳大湾区内地九市在明确自身功能定位的前提下实施错位发展，并支持围绕医药领域重点方向和核心技术，加快建设工程研究中心、企业技术中心、中试中心等创新平台。与此同时，大湾区内各城市也积极出台相关政策文件，有效规划医药制造业产业链现代化发展。

自主创新能力是产业链现代化发展的技术支撑。作为中国重要科创高地和新兴产业策源地，粤港澳大湾区自主创新能力突出，研究与试验发展经费占全国 GDP 比重超 10%，内地九市这一经费在 GDP 中比重超2.5%，在全国处于领先地位，已与美欧日发达国家水平相近；深圳—香港产业群连续多年被评为世界第二大创新集群（仅低于日本东京—横滨产业群），为大湾区医药制造业提供了技术支持。在上述坚实背景下，大湾区医药制造业技术成果显著。根据《中国科技统计年鉴》《中国统计年鉴》数据，截至 2018 年，内地九市在生物医药领域的专利申请已有 56363 件、专利授权 32067 件，国家药监局 CDE 受理药品 9812 件，获批 9266 种国产药。其中，广州、深圳作为大湾区核心城市，在专利申请和授权量、CDE 受理新药量、创新医疗器械审批数、临床试验药物数等方面占据绝对优势；珠海、东莞、佛山、中山的技术成就良好，拥有多种相对优势指标。

对外开放是产业链现代化发展的重要营商优势。粤港澳大湾区在区位地理优势和对外经济发展方面具有显著优势，尤其有港澳这一全球沟通纽带，因此大湾区医药制造业在国际合作、世界融资、全球市场等多方面均具有良好营商环境。近年来，大湾区国际合作项目与日俱增：中新双边合作有中新广州知识城等标杆项目，广州国际生物岛建设了"中以生物科技之桥""中英生物科技之桥"等世界医药合作平台，珠海国际健康港迎来杜克大学人类疫苗研究所廖化新博士研究团队，深圳坪山区与赛诺菲巴斯德共建了世界第一个国际化疫苗创新中心等。医药制造产业发展平台领域的国际合作也深度开展，较为典型的是广州国际生物岛，依托一系列医药制造业产业支持政策，采用"创新平台 + 创新公司 + 创新人才"的融合模式，立足于广深、辐射向华南地区，在医药制造领域建设世界合作新高地，积极引进具有世界水平的基础医药研究发展机构和大型跨国公司研究发展中心，并吸引创业中小企业等具有科创能力的创新主体推进孵化。

二、电子信息产业

2019 年，中共中央、国务院印发实施《粤港澳大湾区发展规划纲要》，重点指出要在粤港澳大湾区构建具有国际竞争力的现代产业体系，尤其是具有传统产业优势和广阔发展前景的电子信息制造业是粤港澳大湾区未来发展的核心产业与重要引擎，明确指出"以深圳、东莞为核心在珠江东岸打造具有全球影响力和竞争力的电子信息等世界级先进制造业产业群"。近年来，粤港澳大湾区围绕上述发展规划要求，将电子信息产业向中高端方向转型、向中上游板块延伸，使大湾区电子信息产业成为中国产业升级示范标准，并具有全球竞争力（见表 7 - 9）。

表 7 - 9 　　　　　　　粤港澳大湾区电子信息产业园区建设情况

地区	园区建设	发展状况	重大建设项目
深圳	宝能科技园（电子信息产业园）	国际化多功能数字经济生态城，实现了75%的数字经济产业集聚度；数字经济产业链完整，并且已经形成可观的规模效应和产业集聚效应，汇聚了5G、人工智能和工业互联、智慧物联等相关企业	引入中科院上海技术物理研究所；与世界级科研团队共建"诺贝尔工作站""院士工作站"；联合国际战略合作机构
东莞	南方软件园松山湖园区（中国电子信息产业园）	中国科创及应用示范基地；与中国软件、中国长城、数字广东、麒麟软件等信创产业链合作伙伴共建"自主安全信创人才培养基地""信创产业适配中心"等，助力信创产业的筑链、强链、补链和延链；融合中国电子PKS体系、东莞产业特色，重点布局芯片设计和检测、工业软件和智能终端嵌入式软件等领域	PKS联合创新空间；电子信息类共享实验室；萤火工场；南方软件园人才驿站
东莞	中信宝清溪电子信息产业园	被授予"2020年广东省小型微型企业创业创新示范基地"称号；先后被评为"广东省科技企业孵化器""东莞市创业孵化基地""广东省中小企业创业示范基地""科技创业孵化链条"等	—
汕头	深汕新一代电子信息产业园	作为新兴信息技术服务业和新兴软件业的集群载体，打通深汕两地的电子信息产业联盟资源，通过"政协企"机制共建软协合作公共服务平台，推动汕头市传统优势产业、战略性新兴产业发展；目前致力于打造"粤东新一代电子信息产业集聚高地"	深汕软协合作公共服务平台；汕头高新区新兴软件和新型信息技术服务创新型产业集群建设；企业核心"sport data"体育大数据平台
中山	中山电子信息科技园	目前已形成以宏碁电脑为龙头，以联益精密、船井电子、国碁电子、波诺威和宏钜光电等数十家电脑企业和光纤企业为骨干的电子信息产业集群；国科委、国经委认定的中国高新技术产品出口基地之一	重点发展集成电路、高端软件、物联网、新型材料、新一代通信网络、超高清视频、新型显示等领域

资料来源：根据各地方政府、各企业官网等整理所得。

电子信息产业分为电子信息制造业和软件与信息技术服务业，生产包括软件和硬件生产两部分。近年来，大湾区电子设备制造业总产值稳定增长，软件服务业利润总额呈中高速增长，整个电子信息产业继续占据制造业中心地位的同时实现产业结构转型优化。一系列电子信息龙头企业的培育引领大湾区电子信息产业链的分布和构建，从而推动整个产业持续发展，规模和盈利能力持续增强，龙头企业具有领先实力。

过去，粤港澳大湾区的电子信息产业大多为下游环节（加工和整机整合等），利润薄弱，电子及通信设备制造业、电子计算机及办公设备制造业的利润率均低于其他高技术产业。典型行业为手机行业，在全球销量排名前十的手机品牌中中国手机占70%左右，是世界智能手机最大的生产国和消费市场，但是智能手机的大部分利润聚焦在中上游的设计和专利，我国手机终端销售利润率非常低。美国高通拥有全球通信领域的大部分专利权，其依托专利权能够收取手机整机售价的65%的三至五个点作为专利费，这些费用占其世界范围内收入总额的比重超六成。近年来，粤港澳大湾区在电子信息产业领域积累了大量产业经验和人力与资金，依托《粤港澳大湾区发展规划纲要》实现从下游领域向中上游领域延伸。以智能手机产业链为例，大湾区该产业链目前已呈现迁移势态，智能手机的获利能力因华为麒麟芯片的广泛使用而大大增强，vivo和OPPO等厂商也支持向国内转移材料采购等环节，注重开展技术开发和研究创新。电子信息产业各细分领域龙头企业积极支持国内在上游设计、研发领域不成熟的主体，通过产品应用、联合开发等帮助其加强技术自主度。区域电子信息产业加强合作，发展方向日益向上游环节转移。

过去，粤港澳大湾区电子产业产品相对处于低端领域。例如，光模块产业，企业以中低速光模块（10G/20G）封装为主，产量巨大，国产化率达到九成以上，但缺少高速光模块（50G/100G）生产能力，科创能力不足导致产品严重同质化，与国外中高端产品差距明显。近年来，大湾区电子信息产业向中高端领域转型。依托《粤港澳大湾区发展规划纲要》，大湾区将技术能力、制造业优势和市场前景有效结合，为电子信息产业链转型升级打造有效基础。以显示面板企业为例，产线世代数不断增加，主力生产线从传统的 LCD 向 AMOLED 转型。在向中高端产业链转型升级的过程中，大湾区主要采用两种途径：一是承接国外企业在产品中高端升级进程中的产业技术转移，应用于电子信息产业的短期发展和经验积累，但是和电子信息产业最新前沿技术相比仍落后，长期内的产业发展动力不足。二是国内企业在研发创新过程中实现转型，依托国内生产过程中自主创新、技术积累，未来发展前景更为广阔。

作为先进制造业的前瞻性发展条件，电子信息产业积累的产业基础、创新能力和资金人力是产业链现代化发展的重要基础，因此粤港澳大湾区依托珠江东岸电子信息产业建设辐射力度强和竞争力领先的先进制造业产业集群，并在这一过程中同时实现与其他相关产业的深度融合。近年来，粤港澳大湾区电子信息产业向众多领域延伸，如医疗电子、航空航天、工业控制、新型通信网络、汽车电子等，不再局限于消费电子和计算机生产制造。众多相关产业力争突破产品端和技术端约束瓶颈，并以高水平的电子信息产业促进与实现多产业融合发展。在《粤港澳大湾区发展规划纲要》的指引下，以珠江东岸为核心的电子信息产业与大湾区其他现代化产业深度融合，向医疗、工业等领域拓展蓝海空间。

三、科学仪器产业

近年来，粤港澳大湾区将新发展格局的战略支点高度提高，即培育战略性新兴产业，并且将科学仪器产业引入该战略支点，从而实现产业链现代化发展。大湾区的目标是使科学仪器等战略性新兴产业能够在世界范围内实现产业重点分支的并跑和领跑；巩固血细胞分析仪、监护仪和示波器等国内外特色优点，将以新型传感技术为代表的核心共性技术应用于具体产业，对工业自动化测控仪器进行大力突破等，从而创新科学仪器产业链（见表7－10）。

表7－10　　　　　　　　粤港澳大湾区科学仪器产业园区建设情况

地区	园区建设	发展状况	重大建设项目
广州	粤港澳高端科学仪器创新中心	采取"政产学研用金"发展模式，打造6个创新平台——技术研究院、人才培养基地、产业研究院、应用示范中心、企业孵化器、科普教育平台，聚集国内外各种优质资源实现大湾区科学仪器产业集聚； 突破重点为数据采集、离子源、高端临床诊断、环境保护、航空航天等板块对高端科学仪器的技术与产业化应用需求	广东省"精密仪器设备"重点研发专项； 离子检测器、高精度数据采集卡、四极杆及分子泵项目
中山	西湾国家重大仪器科学园	中国首个国家级重大仪器产业园区、国家级仪器产业专项孵化器及高端仪器科研成果产业化示范基地、粤港澳大湾区产业园运营管理标杆园区； 在科学仪器的成果转换方面，全面提供仪器研发、中试熟化、转移转化、法律和知识产权等"一站式"服务高端科学仪器的完整产业链，聚能大湾区创新高地	科技部重大科学仪器产业化项目； 科技部和中科院仪器项目； 国家科学仪器重大专项项目、关键技术项目

资料来源：根据各地方政府、各企业官网等整理所得。

借力国家、地方政府的相关政策扶持，粤港澳大湾区的科学仪器行业实现了较快发展，产业具有了一定程度上的规模效应和研发效能，并且以非国有企业为主。比如，广东发布的《广东省培育精密仪器设备战略性新兴产业集群行动计划（2021—2025年）》对科学仪器产业的关键技术和核心零部件、口碑与产品品质等多方面的突破都提出了要求。大湾区高端科学仪器创新中心当前还在建设之中，将以实现科学仪器产业的高级集聚为目标，集合国内外的各种优质资源。

先进科学研究的重要工具之一是科学仪器，科学仪器可以促进粤港澳大湾区的研究发展。粤港澳区的科学仪器产业发展推动了先进科学研究，近十年粤港澳大湾区的 SCI 论文发表数量稳定增加，数量上翻了三倍，而且主要是在化学、环境、生物医药和材料等一系列科目，并且从地域上看主要集中在广州、深圳和香港。与京津冀地区、长三角地区相比，粤港澳大湾区在这方面的论文数量比重没有这两个地区大，但是专利授权数量的比重比京津冀地区要大。近十年大湾区 SCI 的科技论文发表数量已经和美国旧金山湾区相近，跟纽约湾区和东京湾区相比稍微有所不足，但数量的增长速度很快，所以发表论文总体数量、国内外合作数量的年均增速在这几个湾区中是非常高的。

重大先进原创成果依托大科学装置。粤港澳大湾区有着全球最先进的大科学装置，由中科院和地方政府共同打造，主要聚集在广州、深圳、东莞和江门等地。同时，粤港澳大湾区打造大科学装置重大平台，采取"大科学装置 + 广东省重点实验室"的新融合方式，从而更好地突破大科学装置发展。比如，惠州加速器驱动嬗变研究装置、强流重离子加速器装置 + 先进能源科学与技术广东省实验室、东莞中国散裂中子源有松山湖材料实验室。从全国范围内看，粤港澳大湾区的大科学装置投资比重很高，数目只比北京少，同时学习美欧日等发达国家在这方面的经验，吸收了国内外的很多优质资源，引入了很多顶尖的科学研究人员，对核心技术进行大力攻关，目的是依托大科学装置产生重大先进原创成果，把整个高技术产业的水平提高。

对于粤港澳大湾区内部的众多企业来说，科学仪器产业的发展是助推他们发展的重要动力，能够有效地推动湾区内企业的研发创新，从而带动企业所在产业的发展。比如，东莞科学仪器方面的 SCI 论文被应用于各种新药物制造的指导，对医药制造业的发展起到了作用；借助东莞散裂中子源，中科院的高能物理研究所对加速器硼中子俘获治疗实验装置进行了研发，而且在细胞和动物肿瘤中子照射实验领域推广应用，为癌症的治疗作出了突出的贡献；同时，东莞的这种科学仪器装置还能推动新能源汽车的电池制造和高效燃油剂等新能源产业的发展，也就是多产业融合共同实现新能源产业突破创新。

四、航空航天产业

未来发展的高精尖领域之一是航空航天产业，这一产业不仅具有市场价值，还具有战略意义。发展航空航天产业不仅符合粤港澳大湾区的世界科技创新研发中心建设目标，也符合香港世界创新科技中心建设目标与澳门重点四大产业发展方向。粤港澳大湾区近年来把航空航天产业作为带动香港和澳门科技进步创新的重要动力，以从战略上推动香港和澳门更快地融合进大湾区和中国整体科技创新系统（见表 7 – 11）。

表 7 – 11　　　　　　　粤港澳大湾区航空航天产业园区建设

地区	园区建设	发展状况	重大建设项目
深圳	哈瓦国际航空产业园	致力于研发、制造多旋翼无人机，全自主研发和生产的无人机通过了 ISO14001 和 QC80000 等质量体系认证，获得了国家光电子信息产品质量监督检验中心、公安部、美国联邦 FCC 和欧盟 CE 等机构的检测认证，广泛应用于工业、地理测绘和公共安全等领域	无人机控制系统，无人驾驶航空器系统；智能任务载荷吊舱云台系统、机器人控制系统；GPS 应用系统

续表

地区	园区建设	发展状况	重大建设项目
珠海	珠海航空产业园	获批"航空产业国家高技术产业基地""国家新型工业化产业示范基地""省市共建先进制造业基地""省市共建战略新兴产业基地",已成为世界著名航空航天产业基地; 重点产业发展方向:通用航空制造、维修和零部件,航空科研教育,配套航空产品制造等	以中航通飞为代表的一批航空制造项目; 建设广东省民用航空产业基地、中国一流通用航空制造和服务基地、亚太综合型航空维修基地、世界著名航空展览基地
	航空产业园滨海商务区	将自身大力发展的航空航天产业与我国航展融合,弥补我国在这一研究领域的相对不足,代表战略性新兴产业的发展方向,服务于未来的航空航天事业	—
香港	香港卫星制造中心	主要研发和制造遥感卫星、通信卫星和导航卫星,为大湾区乃至国内外各地提供卫星服务; 满足小卫星多品种和柔性化生产要求,具备卫星设计、制造、自动化测试和健康状态智能监测等各种功能,各类型卫星混线生产能力	"金紫荆星座""极光星座"两大卫星产业链工程(前者主要发展多/高光谱卫星、雷达卫星,面向大湾区经济高地;后者提供高效、实惠、切合民众生活需求的互联网通信服务,解决通信网络覆盖率低等问题,面向非洲等新市场)

资料来源:根据各地方政府、各企业官网等整理所得。

2022年,第一次在港澳地区选拔载荷专家主责航天实验,不仅反映了国家对这一地区创新能力的高度认可和充分鼓励,也反映了港澳地区具备航空航天科研基础和产业发展能力。从人才培育方面看,港澳地区当前有32所教育部认可高校,且有不少于3所高校在本科和研究生课程中设置了与航空航天相关的专业课程,因此年均能够输送近百名高素质人才推动航空航天进步。例如,先进空天推进技术联合研究中心由中国航天推进技术研究院和香港理工大学联合建设，中国天文与行星科学领域唯一的国家重点实验室由澳门科技大学打造且和世界近二十家研究单位签署了合作协议。在高等教育方面，港澳地区大力激励学生对航空航天的兴趣，并支持众多青年学生积极参与空间实验项目以加强航空航天技术应用和转化能力；努力调整港澳地区申请、录取理工科比重不高的问题，增加相关专业的人才基数，在高等院校增设理工科相关专业，并提供航空航天产业指导，不仅在高等教育领域，港澳地区在全年龄受教育阶段均大力倡导航空航天发展，该地区的施政报告指出"在中小学阶段大力推动 STEAM（科学、科技、工程、艺术和数学）教育"和"开展'学生科技教育普及计划'"，从而为航空航天素质人才抓取各个学习龄段。在教育学习的展开进程中，港澳地区借助国家近些年提供的大力支持、港澳自身社会掀起的航空航天潮，将航空航天理念引入青少年教材编整和线下实体教学，开展航天科普展、青少年航天科普计划和航天员进校园等相关活动，抓住青少年兴趣浓厚的特点充分激发其热情。

在航空航天和太空应用等经验积累方面，香港和澳门较有经验。在中国探月工程、火星探测工程中使用了香港理工大学多项太空仪器，中俄联合探索火星任务、欧洲太空总署也获取了相关的科学和仪器支持。加强港澳地区和内地在航空航天领域合作互换，与内地科研机构和高等院校合作设置航空航天实验室并固定开展论坛讲座等，目的是更好地展开航空航天相关研究。香港航天科技集团在 2021 年通过一箭双星模式成功发射了"金紫荆一号"首颗香港卫星，随着该集团的壮大运作和粤港澳卫星智能制造中心的建设应用，香港将在卫星的研发和制造领域打造产业一体化链条。2023 年，"澳科一号"首颗澳门卫星规划发射，此外，澳门也可以融合医药制造业特色优势，联合研究航天员的专门生物保健。对于港澳地区的航空航天产业链发展来说，可以将"香港研发＋产业化"或者"内地研发＋香港产业化"的方式运用到以人造卫星为代表的航空航天市场领域。

广州市借助空港中央商务区，努力把白云机场周边变成广州新经济增长极的重要依靠，推动港产城一体化的联合发展样板，进而推动临空先进制造业发展，推动广州在全国航空维修领域成为模范，目标是打造具有临空先进制造业鲜明优势的区域航空集聚产业链，推进这一国家级临空产业经济区走向功能完备、环保高效、高端先进、世界领先的道路，把广州市这一产业的经济体量做大做强，对世界航空枢纽能级进行优化提升。为了加快推进临空先进制造业的发展，特别是航空制造和维修业这种作用大且能为区域经济发展带来巨大动力的产业，广州空港经济区加大各种政策支持力度，鼓励并奖励航空维修制造业产业联动和突破进步等，专门颁布《广州空港经济区管理委员会促进航空维修制造产业高质量发展若干规定》；致力于建设全球级飞机维修示范基地，在广州推进大湾区建设计划中引入航空维修制造业。

珠海和澳门的机场近年来加强合作力度，把双方的优势融合升级、实现共同突破进步；在珠澳机场的发展方面展开大力探索，把整体资源做大做强，拓展至整个粤港澳大湾区，以此辐射航空航天市场，促进产业深度发展，并使大湾区的经济建设思路更加多元。例如，在珠港机场管理有限公司、珠海机场中引入澳门投资方，同时开放珠海机场的永久口岸，打造珠粤港澳联合发展的全新局面，推动大湾区各地的商用航空运输共同进步；将大湾区的航空产业联合模范定为珠海机场，对航空多方面产业进行更加深度的融合和发展，进一步强化珠海和澳门在大湾区的突出竞争力。同时，继续加强两个区域的合作，在展会商贸、航展科普宣传、文创等方面加强交流，共同推进会展业发展。我国航展在全球航展中位居前五，所以把珠海航展和澳门进行更为深度的融合有利于更加充分地利用比较优势。

第三节　成渝地区双城经济圈协同推进
产业链现代化发展实践

　　实现产业链现代化要借助新一轮科技革命和产业革命的成果，运用先进技术，打好产业基础，增强产业链控制力。在"数字中国"时代，数字技术能够降低上下游企业之间的信息成本，提高企业之间的协同效率，推动产业结构高质量转型。成渝地区尤其在数字技术上取得了较为显著的成果，众多头部数字经济企业在成渝聚集，实现企业数字化转型带动产业数字化发展，从数字化的角度有力地促进产业链现代化发展。产业链现代化还面临着关键核心技术"卡脖子"的问题，成渝地区双城经济圈分工合作，协力发展电子信息产业、先进制造业，努力实现技术的突破创新，旨在打破高新技术受制于人的困境，强链固链补链，提升产业链韧性，保障产业链自主可控。

一、电子信息产业

　　电子信息产业是具有战略意义的先导性产业，是当前我国倡导的制造强国及网络强国的核心支撑。在四川、重庆两地，电子信息产业历经多年发展已经具备了雄厚的产业实力，产值规模上万亿元，是两地总量大、增速快、贡献多的第一大支柱产业。

成渝两市要以"双城记"为契机，明确方向，共同推动产业链、供应链、价值链、创新链、人才链、资金链"六链协同"。在产业链上，推进成渝两地电子信息产业优势互补、分工合作，提高集群集聚水平；在供应链上，建立完善的国际供货网络，为两地的原料、产品开辟新的渠道；在价值链上，以打造自主品牌为核心，提升产业在世界价值链中的位置，强化对集群的引领能力；在创新链上，通过跨国技术创新合作来提升产业集群核心能力；在人才链上，强化高端人才引育，尤其是中高级人才和技能型人才的引进和培育；在资金链上，提升资金利用效率和科技金融水平，为集群发展注入活力。

未来成渝地区将本着"搭平台、促合作、延链条、育集群"的原则，把握各自政策、产业、资源等方面的优势，围绕共同建设电子信息世界级产业集群这一主要目标，推动两地在技术攻关、人才培育、建设产业集群、搭建交流平台等方面的合作，建立长期有效的合作机制，加快推动成渝电子信息产业转型升级和高质量发展，携手共创互利共赢的美好未来（见表7-12）。

表7-12　　　　　　　　　成渝地区电子信息产业园区建设情况

地区	园区建设	发展状况	重大建设项目
四川省资阳市高新区	成渝电子信息创新创业产业园	该项目总占地面积约266亩，总规划建筑面积24.92万平方米，总投资10亿元。项目建成后，可入驻电子信息类企业30家以上，全面达产后实现年产值80亿元，解决就业约3000人，实现利税8亿元。截至目前，已入驻国通、博耀、安派、鑫景顺、奥弘、浩宇、富斯达7户企业，正在洽谈企业10户	资阳市保税物流中心；中国牙谷学术交流展览馆建设项目；资阳职业教育培训基地项目

续表

地区	园区建设	发展状况	重大建设项目
四川省成都市双流区	西部（成都）科学城	总规划面积 361.6 平方公里，将立足成都创新资源优势和天府新区城市发展战略，构建国家级新区天府新区"一核四区"为主的空间功能布局，形成"核心驱动、协同承载、全域联动"的发展格局	构建形成"国家实验室+省级实验室+重点实验室"的高水平实验室体系，天府兴隆湖实验室、天府永兴实验室等4个天府实验室挂牌运行；布局电磁驱动聚变大科学装置、多态耦合轨道交通动模试验平台等国家、省级重大科技基础设施6个；布局宇宙线物理研究与探测技术研究平台等国家科教基础设施7个；布局国家川藏铁路技术创新中心、国家超算成都中心、国家精准医学产业创新中心等国家级创新平台96个；引进中科系、中核系等国家级科研机构26家；联合清华、北航等高校院所建设校院地协同创新项目65个；深入实施"蓉漂人才计划""天府英才计划""金熊猫人才计划"，引聚以院士为代表的高层次人才2100余人
重庆市中心城区西部槽谷	西部（重庆）科学城	主要以科技创新型企业、高端制造、国家重点实验室研发、大学园区等来推动高质量发展，是成渝地区双城经济圈非常重要的合作领域和区域互动的战略高地	北京大学重庆大数据研究院；中国自然人群生物资源库；国家精准医学产业创新中心；电子科技大学重庆微电子产业技术研究院；8英寸 MEMS 特色芯片 IDM 产业基地；斯达半导体重庆车规级模块生产基地；微电子科创街一期 A 组团；中国电信西部（重庆）科学城数字产业基地等

资料来源：根据各地方政府、各企业官网等整理所得。

二、数字经济产业

成渝地区数字经济呈现高速增长态势。两地数字经济增加值已达2.5万亿元，占两地生产总值的30.5%。2023年发布的《重庆数字经济蓝皮书（2022）》指出，成渝两地数字经济已迈入全国一流方阵。现已聚集了国内诸多数字经济领军企业（见表7–13）。发展数字经济有3个关键点——新型基础设施、数字产业化与产业数字化、海量应用场景。

表7–13　　　　　　　　成渝地区数字经济产业园区建设情况

地区	园区建设	发展状况	重大建设项目
重庆市两江新区	两江数字经济产业园·互联网园	两江数字经济产业园·互联网园一期、二期共入驻腾讯、阿里、欧菲斯、猪八戒网等企业530余家，为两江新区发展数字经济的重要平台之一；互联网园三期竣工，为重庆两江数字经济产业园再"扩容"，将进一步完善重庆两江新区产业布局，形成与两江数字经济产业园·互联网园一期、二期前沿技术产业融合发展格局，推动重庆数字经济高质量发展	两江数字经济产业园万州园；照母山核心区累计注册数字经济企业达6000余家；启动建设国家工业互联网创新中心；培育广成铭岛、公鱼互联两个国家级特色专业型平台；建成运行海装风电、建工建材等自主研发工业互联网平台
四川省达州市	大竹数字经济产业园	先后荣获"四川省新型智慧城市示范城市""数字中国·西部县（市）级区域数字化'改革+转型'实验基地"等荣誉称号，2021年，大竹县成功跻身全省首批新型智慧城市示范城市	达州智慧泛呼叫中心大竹基地；建设大竹县产业技术研究院；柔性集聚工业互联网、电子信息、高分子材料等6个领域30余名专家（教授）；建立技术研发、产业升级、企业管理等5个方面协同创新机制，实质性推进工业技术服务平台、氮化镓充电器、环保阻燃双绝缘电缆等7个合作项目；强化区域数字经济建设交流合作，科学编制"四重清单"，梳理重大政策12项、重大项目65个、重大平台15个、重大改革4项，总投资达1825亿元；与梁平、垫江签订一体化发展合作协议，签署专项合作协议13个，建立定期联络会商机制，11家企业联合参与众联智能终端产业园项目

续表

地区	园区建设	发展状况	重大建设项目
四川省雅安市	中国·雅安大数据产业园	产业园围绕"协同成都、融入成渝、服务全国"的发展思路，通过建设"四个中心"，着力打造"一区一枢纽"，建成以多元化云服务为核心，以智能算力为龙头，以创新应用和人才培养为支撑的成渝地区大数据产业基地，被工信部等六部委联合评定为"国家绿色数据中心"，是国内首个获得"碳中和""白金级绿色认证"双证书国家绿色数据中心	四川最大的网络电视数据中心；西南地区最大的数字渲染创新中心；累计招商引进大数据项目 194 个，协议总投资达 580 亿元，涉及云计算、区块链、人工智能、5G 应用等领域；建设动植物基因数据研究平台；建设川能智网运营中心；建设国内一流的电竞网络直播产业基地
重庆市潼南高新区	昇之云大数据产业园	2023 年 6 月 5 日宣布项目开工，项目预计总投资 25 亿元，规划建设拥有 10000 架机柜、超 12 万台高性能服务器的高性能数据中心及科技产业孵化区，打造全国一体化算力网络国家枢纽节点重点数据中心基地；项目建成后，将有 100 多家大数据、人工智能、智能制造等相关企业入驻，创造 1000 多个就业岗位，并将形成一个多元化的数字产业集群和丰富的数字应用场景，使之成为双城经济圈"大数据+工业互联网+区域工业+人才培养"的区域计算中心，助力"东数西算"工程	—

资料来源：根据各地方政府、各企业官网等整理所得。

在成渝两地通力合作下，工业互联网标识解析规模越来越大。至 2023 年，工业互联网标识解析国家顶级节点（重庆）累计标识注册量达 200.3 亿个，累计解析量 152 亿次，接入企业节点数 21770 个。在

2021 年，两地就已有 15 万个 5G 基站，其中四川省建成 7.7 万个，居全国第 6，重庆建成 7.3 万个，居全国第 7，主要城区和重点区域实现 5G 网络全覆盖。"东数西算"工程确定成渝地区为全国一体化算力网络国家八大枢纽节点之一，中新（重庆）国际超算中心、成都超算中心纳入国家超算中心体系。

数字经济是推动稳定增长和促进转型的重要动力。在成渝地区，数字化协同必须坚定地开展下去。2023 年 4 月，成渝两地经信部门联合印发的《2023 年成渝地区工业互联网一体化发展示范区建设工作要点》提出，两地将联合打造综合型、专业特色型工业互联网平台等，推进企业上云用云，加强工业互联网综合服务平台在成渝区域的应用推广，集聚一批数字化转型服务商，形成一站式数字化转型服务。具体而言，重庆两江新区、涪陵区、九龙坡区、南岸区、北碚区、江津区、梁平区，将与四川省成都市、德阳市、绵阳市、遂宁市、宜宾市、达州市、眉山市"点对点"合作，形成跨行政区组团发展建设，推动工业互联网区域产业协作共兴。

成渝两地的数字经济发展还有较大空间，接下来，应从 4 个方面继续发力。首先，提高国家级互联网骨干直联点网络能力，打造一批"东数西算"典型示范应用场景，共建成渝地区工业互联网一体化发展示范区。其次，共同培育数字经济的新优势，在新兴显示、集成电路等领域，在人工智能、高端软件等方向，共同努力，攻关关键技术，并对其进行产业化。再次，要深入推进新一代信息技术与制造业深度融合，协同承接国际数字技术及产业转移，大力发展软件服务、大数据和数字内容等现代服务业，支撑制造业加快提档升级。最后，进一步推动数字化的全面转型，共同推进数字党建、数字政务、数字社会、数字文化、数字法治、基层智治，扩大数字化的应用场景。

三、汽车产业

伴随着成渝地区双城经济圈成为比肩长三角、京津冀、粤港澳大湾区的"中国第四极"，成渝地区的世界级汽车产业集群建设将有利于为该区域打造一个颇具竞争优势的支柱产业，为成渝地区各区域专长打造和跨区域协同谱写"新篇章"。

成渝地区在打造好世界级汽车产业集群方面，一方面要在用好目前的产业基础的同时促进补链强链工作。成渝地区是全国六大汽车产业基地（长三角、珠三角、京津冀、中三角、成渝、东北）之一，2021年，成渝地区共有汽车整车企业45家，规模以上汽车零部件企业1600家，汽车年产量近300万辆，产量占比近12%，年产值超过6000亿元。重庆凭借雄厚的工业实力打造了长安集团、长安福特、长安铃木、力帆汽车等品牌；成都则花了十多年时间吸引一汽大众、沃尔沃、博世等品牌落户。成渝要继续加强对龙头企业的培育，以链主企业为核心打通产业链、价值链、合作链和创新链。加强展会、供需信息对接等合作平台建设，推动链主企业与零部件企业的深度合作。以智能化和互联网等为主打方向，积极引入"造车新势力"并推动传统车企与互联网企业合作。

另一方面是要用好新区经济、园区经济的力量（见表7-14）。未来，成渝地区的汽车产业发展，就是要以新区经济、园区经济为重点，持续夯实新区、园区内的要素配置、体制机制、与全球创新资源的对接等能力建设。制订园区、新区相关规划方面，要根据自身专长和特点，辅助车企持续提升动力系统、传动系统、汽车电子等关键系统、零部件的技术和性能。而新区、园区的所在地政府要加强对新区、园区的支持扶持力度，为当地汽车产业集群的发展营造良好环境。

表 7 – 14   成渝地区汽车产业园区建设情况

地区	园区建设	发展状况	重大建设项目
重庆市两江新区	龙盛新城智能网联新能源汽车产业园	重庆市级重点项目之一，占地面积约 2875 亩，建筑面积约 92.7 万平方米，由压铸、冲焊、涂装、总装等车间厂房及其配套用房组成，建成后将助推重庆新能源汽车产业发展	—
	鱼复工业园	2022 年，鱼复新城以长安汽车、赛力斯、长安新能源、瑞驰、阿维塔汽车五大整车龙头企业带动产业链条延伸，继 2020 年荣获"重庆市新能源汽车产业示范基地"后，再次获批"重庆市智能网联新能源汽车特色产业园"，单价 20 万元以上的中高端车型市场占有率稳步提升，汽车品牌逐步迈向中高端化	重庆云潼科技模块工厂，发布了全球首创六合一 PIM MOSFET 模块；ABB 两江变压器智能制造基地迁建项目；太蓝新能源建成投产；长安全球研发中心；国家氢能动力质量检验检测中心；与四川宜宾三江新区签署战略合作协议，共建汽车零部件协同配套基地
四川省宜宾市	宜宾临港经济技术开发区信息技术产业园区	项目建设投资约 10 亿元，建筑面积约 12 万平方米，主要围绕汽车重要部件冲压、座椅、空调系统等配套领域，高定位、高标准打造信息技术产业园，此项目的建设实施，将有效提升产业园钢结构厂房的资源承载能力，并进一步完善三江新区汽车产业生态圈；项目建成后，预计入驻企业 10 户，创造就业岗位超过 2000 个，实现年产值约 10 亿元	—
四川省成都市	成都龙泉国际汽车城	规划面积 64.2 平方公里，以建圈强链、转型升级为目标，打造制造强区、开放高地，发布中德智能网联汽车试验场地、西部氢能产业园、柏合老场镇"汽车小镇"等机会清单 27 条，总投资 391.17 亿元	科博乐新能源汽车热管理及整车控制系统产业园；新能源汽车 PTC 加热器生产线建设项目；浙江新劲空调设备有限公司新能源车热管理智能阀生产线建设项目；双振铝业有限公司汽车空调换热器扁管生产线建设项目；浙江龙泉磷酸铁锂储能示范项目

资料来源：根据各地方政府、各企业官网等整理所得。

四、装备制造产业

成渝地区双城经济圈装备制造业基础良好，关联程度较高、互补性较强，具备高质量一体化协同发展的基础条件。经过多年发展，四川已成为全国重要的动力设备、航空装备、轨道交通、能源环保等装备制造基地（见表7-15）。比如，德阳市重大装备制造业集群具有全球影响力，全国的核电产品、大型轧钢设备和电站铸锻件、大型船用铸锻件等很多都生产于德阳市，为全国各地输送了很多重大装备，德阳市制造业产值占地区生产总值比重为全省第一，2021年首次入选全国先进制造业百强市；成都市高端装备制造业发展进程在全国也处于领先地位，尤其在轨道交通、能源环保、智能制造等领域颇有建树；眉山市则拥有全球最大传动件生产基地以及全国最大木工机床以及小型压缩机的生产基地；资阳市重点发展汽车装备制造、新能源汽车以及生物医药等产业，连接成渝双核，打造成渝"氢走廊"。2018年，四川将装备制造业纳入全省5个重点发展的万亿级现代支柱产业，2020年四川装备制造业产值达7327.8亿元。

表7-15　　　　　　　成渝地区装备制造产业园区建设情况

地区	园区建设	发展状况	重大建设项目
重庆市渝北区	重庆空港工业园	被成渝两省市确定为首批成渝地区双城经济圈产业合作示范园区之一，成为重庆园区中唯一同四川省两个园区共建示范园区的开发区，被人行重庆营管部确定为央行再贷款示范基地，被市经信委确定为全市首个市级汽车电子重点关键产业园基地，被区委区政府评为优化营商环境先进集体	临空智能制造产业园；木耳航空物流园；嘉民重庆空港物流中心；现代建筑智慧产业园

续表

地区	园区建设	发展状况	重大建设项目
重庆市渝北区	重庆江津工业园区	2020 年、2022 年，江津工业园区先后入选《第九批国家新型工业化产业示范基地名单（食品·粮油加工）》《第十批国家新型工业化产业示范基地名单（工业互联网）》；荣获国家新型工业化产业示范基地（装备制造）称号	德感工业园重点发展装备制造和粮油食品加工产业；双福工业园重点发展汽摩及零配件（含机器人智能装备）、电子信息产业；珞璜工业园重点发展装备制造、新型材料、现代物流产业；白沙工业园重点发展农副产品深加工、机械加工、新型材料等产业
四川省成都市	成都经济技术开发区	2022 年成功获评先进制造业百强园区，位居第 29 位，较上年度上升 8 位；2021 年，成都经济技术开发区规模以上工业企业 344 家，规上营业收入 2032.5 亿元，同比增长 9.8%，占全市总产值比重 12.3%，工业利税总额连续 8 年排名全市第 1。完成工业投资 173.6 亿元，是全市唯一近三年年均投资超过 200 亿元的区（市）县。累计有效高新技术企业达到 274 家，建成市级以上企业技术中心 90 家，其中光明光电、华川电装为国家级企业技术中心，拥有国家专精特新"小巨人"企业 10 家，成功入选四川省首批重点"5+1"特色园区	亿华通西南基地项目；城东商务综合体项目；同安乡村振兴项目；成都智能制造装备产业用房（一期项目）；奕斯伟板级封装系统集成电路项目（一期）；中航锂电成都项目（一期）；引进签约雷丁新能源汽车
四川省内江市	隆昌轨道交通产业园	现有轨道交通企业 4 家，均为国家级高新技术企业，分别是中铁器材、华兴铁路配件、海燕橡胶、东博轨道科技；主要产品包括普通铁路弹条扣件，高铁弹条扣件，城市轻轨和地铁用各型钢轨扣件，铁路机车、车辆用高（低）摩闸瓦（刹车片），预埋槽道、管片、螺栓及专业铁路设备与器材，有轨电车包裹材料等。2021 年，4 家企业实现产值 18.1 亿元，增长 35.3%；入库税金 4778 万元，增长 11.4%	成渝双城经济圈中国西部（内江）轨道交通产业园；东博轨道科技年加工 1 万吨环保涂覆生产线项目；华兴铁路器材公司新建瓦背自动化生产线项目；中铁隆昌轨道紧固系统和关键制动零部件研制及生产线建设项目

续表

地区	园区建设	发展状况	重大建设项目
四川省成都市	天府智能制造产业园区	形成了轨道交通、智能科技及工业互联网、新能源汽车、动力电池及储能产业集群；目前已培育高新技术企业78家、省市级研发创新平台76个，省级以上专精特新企业46家，其中：国家级5家；成都市新经济梯度培育入库企业15家（准独角兽企业2家，种子企业13家）	天府智能创享中心；民营经济博物馆；天府创智湾；天府智能科技产业孵化器；民航物流工程技术研究中心；中车长客西南区域总部及研究中心；格力钛新能源电池产业技术研究院；中国信通院工业互联网（成都）创新中心；四川大学（新津）智能制造创新中心

资料来源：根据各地方政府、各企业官网等整理所得。

重庆装备制造业发展历史悠久，长安、建设、川仪、重汽、嘉陵等装备制造企业经历和见证了"中国制造"的发展历程。如今，重庆已形成风电装备、轨道交通、数控机床、机器人等多个"整机＋配套＋系统集成"特色装备制造行业，其中江津区的齿轮箱、减速器、内燃机等装备产品行业领先，永川区是全国最大的中高端皮卡生产基地，拥有以高端数控机床为主导的智能制造装备产业集群，该市装备制造企业工业总产值实现重要突破，实现出口交货值111亿元，同比增长15.8%。按照《重庆市装备制造业高质量发展行动计划（2021—2025年）》，预计到2025年，全市装备制造业初步形成产业基础丰厚、生产技术领先、支撑体系全面、市场影响力强的现代产业体系，为建设先进制造业强市提供重要支撑，努力实现全市装备制造业主营业务收入超过3000亿元，年均增速超过8%，超过工业产值增速。

成渝两地不断健全产业协同机制、完善产业协同生态、丰富产业协同载体，在装备制造、电子信息、汽车等领域多维发力，聚力打造高效分工、错位发展、有序竞争、相互融合的先进制造业版图，为双城经济圈发展注入强劲动能。当前，两地正紧抓全球新一轮科技革命和产业变革重大机遇，顺应智能化、高端化、绿色化、融合化发展趋势，以强化产业协作为主线，不断提升成渝制造业的全球竞争力和产业带动力。

第四节　本章小结

近年来，随着"十四五"规划明确中国未来经济发展的主要目标之一为"推进产业基础高级化、产业链现代化"、党的二十大报告指出"将建设现代化产业体系列入加快构建新发展格局的重要内容"等一系列产业链现代化相关政策文件的相继出台，全国各地纷纷响应国家号召，积极推进产业链现代化发展进程，并取得了相应的经济建设成果。城市群作为先进生产力的代表性区域，对中国产业链现代化发展的贡献尤为突出；提升产业安全是这一时代概念的关键目标，产业链现代化的重点在于产业关键节点和技术生态系统的打造，以此提升产业链竞争力与韧性。因此，本章选取长三角城市群、粤港澳大湾区和成渝地区双城经济圈三个中国典型城市群，结合其各自重点发展产业展开相关实践经验探讨，即战略性新兴产业之于长三角城市群、高技术产业之于粤港澳大湾区、四大先导性产业之于成渝地区双城经济圈的产业链现代化发展的实践经验。

通过探讨与对比，可知政策支持、自主创新、合作交流是推动上述城市群产业链现代化发展的关键举措。因此，要增强中国未来这一目标实现的推动力可着重从上述三点着手。一方面，持续推动产业链政策发展创新，根据国家现实需求和倡导及时更新产业链政策的定位、功能、施行手段和路径，不断进行调整优化；同时，提升产业链政策制定过程中的链式思维和系统思维，综合考虑强基、韧链、优企等，从而统筹促进产业链竞争力现代化。另一方面，进一步完善"创新—产业—产业链"的逐级发展路径，推进产业链与创新链深度融合，大力提高产业链现代化进程中的自主创新水平，通过链条内部前沿技术提高产业自身竞争力，进而向价值链中高端攀升；向新兴产业投入更多的物质、人才与技术资源，提高其自主研发水准，以产学研协同创新攻克技术难关。同时，以合作交流构建协同创新体系，加大产业技术合作力度并有效承接国内外优质科技资源转移，实现多创新主体与领域资源开放共享，进而实现产创衔接和区域协同，推动国内外及国内区域间协同创新体系建设，为产业链现代化发展提供更为强大的内在动力。

第八章

中国城市群产业链现代化发展
路径与政策建议

第一节　坚持创新的核心地位，推动城市群
"四链"深度融合

一、依托原始创新业态，推进再创新和协同创新

以推动市场主体提质增效为目标，依托原始创新业态，加快通过创新赋能，持续激发市场主体新活力。推进创新、再创新，最根本的是要增强自主创新能力，破除机制障碍，最大限度解放和激发科技作为第一生产力的巨大潜能。要加快研发新技术，通过技术创新，提高传统生产要素的价值转化效率，提升产业链供应链协同水平，增强以技术为核心的综合竞争力。要立足市场需求，瞄准高技术含量、高附加值的新型产业发展方向，突破"低端锁定"局面，不断优化投资结构，提高投资效

率，强化企业创新主体地位。要开拓发展新业态，通过物联网、大数据、云计算等技术赋能，创造更多新业态、新模式、新产品，在更好服务客户需求的同时推进先导性产业发展，推动传统生态运营和服务业态转型升级，加快企业内部要素重组优化和创新发展。

推动协同创新，要加强城市群内部政产学研合作，在政府的引导下促进创新资源在城市群内部的良性互动和高效配置，加强城市间创新发展政策的协同性和联动性，为资源共享提供有力的创新政策和制度支持。要形成创新主体比较优势，加大创新投入力度，建立资源共享机制，促进创新要素快速流动，提高区域内技术转移和知识溢出效应，缩短创新周期，提升协同创新效率，同时要建立风险评估机制，尽早发现协同创新实施过程中的问题，降低风险发生率，使各创新主体获得协同剩余最大化。要优化城市群的协同创新环境，加快城市群协同创新治理体系建设，强化顶层设计，建立科学的决策机制，要强化基础设施及配套服务等硬环境建设，全力推动城市群制造业协同发展走深走实，加快建设国家重要先进制造业基地，取得积极成效；加强城市群核心城市与周边地区在铁路、公路等交通轨道方面的对接，建设高效快捷的交通网，要营造城市群之间开放包容的协同创新软环境，提升城市群产业链整体创新实力和效率，进一步优化创新网络内部结构。

二、补链延链强链，破解产业链关键节点"缺环"之困

聚焦产业链补链延链强链，集中力量打造特色化产业链，推动传统产业转型升级、新兴产业蓬勃发展、未来产业加快布局，夯实经济增长后劲。要聚焦问题"补链"，让产业正常"转起来"，针对城市群产业链中暴露出的一些缺位和问题，应当梳理存在的困难，精准施策，着力

打通城市群产业链堵点、畅通痛点、补上断点，动用一切资源帮助解决物流运输、资金周转等难题。要创新升级"延链"，让发展驶入"快车道"，要以技术创新引领先导性产业延伸、转型、升级，努力做好新基建产业链的投资者、研发者和建设者，不断优化城市群产业链结构、提升城市群产业链价值，巩固提升优势产业的领先地位，推动传统产业高端化、智能化、绿色化转型升级，加快新一代信息技术与制造业深度融合，同时还要着力打造城市群产业链继而形成增长新动力，推动发展驶入"快车道"。要协同合作"强链"让经济稳步"向前迈"，要紧紧抓住城市群产业链协同这个关键点，加强协同合作，辐射带动上下游，发挥龙头企业牵引作用，深化开展上下游、企业间、企地间等合作，打造形成城市群产业链聚合优势，同时要积极协调推进重点项目建设，促进全城市群产业链顺畅运转，在保证城市群产业链稳定的基础上，做大做强城市群产业链，助力经济稳步前进。通过梳理城市群产业链的薄弱环节，补齐城市群产业链短板，破解城市群产业链关键节点"缺环"之困。

三、推动"四链"融合，构建特色城市群产业链现代化发展体系

立足新发展阶段，通过打造稳定、公平、透明、可预期的产业发展环境，构筑创新链、产业链、资金链、人才链深度融合互促的产业链现代化新高地，走出走好城市群产业链发展之路，并遵循产业总体发展规律，发挥好政府引导作用，以战略性新兴产业、面向未来的城市群产业链现代化发展的需求为导向，吸引国内外优势资源向基础条件好、成长潜力大、产业关联度高的领域集聚，因地制宜，构建具有特色的城市群产业链现代化体系。要推动以顶层规划为基础统筹"四链"融合发展，促进"四链"的耦合匹配和精准对接，强化统筹规划是关键，要加强顶

层设计，注重规划引领，提高"部署"和"布局"的系统性、针对性和前瞻性，从经济发展全局统筹四链融合。要加大"四链"融合创新资源的要素投入，在人才引进、人才培育、创新文化建设、科研基地和企业孵化器建设方面，设立企业科技创新发展基金，支持相关创业企业的创新能力建设，并引进、培育国内外高技术创新型人才，吸引创新型人才、高端研发领军人才聚集，从而促进建立创新文化，充分发挥科技研发技术溢出效应，促使产业内技术创新成果的实现和转化。要加强城市群"四链"融合科技创新平台的建设，要立足城市群产业链现代化发展的现实需求，在"十四五"时期要积极争取国家重大科技基础设施布局，争创国家重点实验室，在中国城市群范围内建设一批高水平创新载体和重大公共服务平台，为科技成果转化、协同创新等提供有力支撑，夯实城市群产业链现代化技术创新的基础设施建设。

第二节　重点培育链主企业，以产业集群梯次化助力产业链现代化

当前中国城市群产业链现代化体系中除了存在链主企业缺乏的问题外，产业集群没有形成显著集聚效应的现象也比较突出。基于此，培育引进城市群链主企业的同时，应在其周围加大配套设施建设，全力打造战略性新兴产业基地，推动产业集群梯次化发展。

一、培育引进城市群产业链现代化链主企业，助推优质企业培育工程

首先，引进城市群产业链现代化链主企业。聚焦城市群产业链关键环

节、"卡脖子"技术攻关、关键理论研究以及关键元器件等，大力引进集聚国内外具有核心竞争力、关联度大、主导行业生态和资源的城市群产业链"链主"企业。其次，培育城市群产业链现代化产业细分领域领军企业。围绕新型显示、新材料、高端装备制造、绿色环保、智能网联、新能源汽车等产业筛选一批创新能力较强的骨干企业，利用财政政策、投融资政策以及人才引进政策等支持推动其做大、做强、做优，尽快成长为城市群产业链现代化链主企业。再次，依据国家相关部署，适时启动城市群现代化产业链的优质成长性企业培育工作，重点支持新兴服务业、新材料、新型智能终端等产业中有条件的"专精特新"中小企业优先发展，推动中小企业梯次发展。最后，鼓励上下游企业合作联动。鼓励城市群产业链现代化"链主"企业带动下游中小企业协同发展，探索创新要素共享、产业链供应链协同、产业生态融通发展和数据开放共享等模式。

二、推进城市群产业集群梯次发展，助力城市群产业链现代化体系构建

首先，在中国城市群核心区域推动创建一批具有国际竞争力的现代化新兴产业集群，巩固壮大实体经济根基。长三角城市群集成电路产业着力于打造"中国自主可控 IC 产业"，基本上形成以浦东为龙头的"一核多级"布局；新能源汽车和智能汽车产业集中了蔚来、理想、小鹏等一批新能源汽车品牌，通过智能网联赋能、关键零部件技术创新研发和充电设备等新型基础产业设施构建等促进区域间产业优势互补与合作；新材料产业方面，在新型功能材料、纳米材料和多晶硅材料等领域处于国内领先地位，初步形成了国际竞争力；2022 年，高端装备制造业主营业务收入占全国整体 40% 左右，在医疗装备、环保装备、海洋装备、数

字机床、增材制造、工程机械等高端装备制造领域具有较成熟的集群发展态势。粤港澳大湾区的医药制造业有广州、深圳等生物医药重点发展城市；建有广州开发区、深圳高新区等多个中国领先的生物医药产业园区，已涵盖医药研发、生产和销售等全产业链环节；电子信息产业方面，集中于在珠江东岸打造具有全球影响力和竞争力的电子信息世界级先进制造业产业群，电子信息制造业和软件与信息技术服务业实现向中上游环节和中高端领域拓展；科学仪器产业方面，巩固血细胞分析仪、监护仪和示波器等国内外特色优势，大力突破工业自动化测控仪器，将新型传感技术等核心共性技术应用于具体产业；航空航天产业方面，着力于深圳哈瓦国际航空产业园和珠海航空产业园等重点园区打造建设，以此推动新的经济增长极加速演化。成渝地区双城经济圈的电子信息产业已在四川、重庆两地具备多年累积的雄厚产业实力，是两地总量大、增速快、贡献多的第一大支柱产业，产业协作已进入全面推进实施阶段；数字经济产业聚焦于新型基础设施、数字产业化与产业数字化、海量应用场景三个关键点，工业互联网标识解析规模越来越大；汽车产业致力于建设世界级汽车产业集群，打造了长安集团、长安福特、长安铃木、力帆汽车等品牌，继续加强对龙头企业的培育，并以新区经济和园区经济为重点推动对接能力提升；装备制造产业方面，已成为全球重要的动力设备、航空装备、轨道交通、能源环保等装备制造基地，坚定"中国制造"进程，打造高效分工、错位发展、有序竞争、相互融合的产业版图。

三、数字赋能城市群产业链现代化，激发现代化产业体系构建新动能

首先，强化数字赋能。健全完善数字基础设施，推动物联网、云计

算、大数据等与现代化产业深度融合，赋能现代服务业和先进制造业，加快推进城市群产业链现代化体系数字化发展新业态。其次，持续优化营商环境。积极构建氢能与储能、量子信息、新型智能终端等产业应用场景，推动实现商业化、产业化，加快在生物育种、生物医药等领域产业现代化发展微生态建设，抢占产业现代化发展先机。再次，规划部署低轨卫星移动通信、量子通信网等未来网络设施，建立包容审慎的监管机制，推动现代化产业前沿技术创新和成果转化。最后，围绕长江经济带、成渝地区双城经济圈及西部陆海新通道打造跨中国城市群产业链现代化协同发展生态，构建完善优势互补、分工合理的现代化产业链发展体系。

第三节　释放主体功能区极化效能，构建优势互补的产业链现代化发展体系

一、推进中国城市群产业协同发展，形成优势互补的产业格局

为促进中国城市群现代化产业的发展，解决中国城市群产品同质化竞争严重的问题，应积极推动城市群协同发展，降低产品同质性竞争，促进产品多样性发展。要建立协同的分工体系，推动中国城市群产业间差异化发展。中国各城市群应立足本地优势，大力发展适合本城市群的特色产业，避免产业结构同质化，优化产业结构，这是转变经济发展方式的客观要求。加快现代化产业的进一步改造升级，现代化产业往往是侧重于当地的区域优势和战略优势发展起来的，要加强城市群产业间分

工合作，提升中国城市群之间的产业协同性。致力于建立中国城市群产业链现代化发展的创新型合作平台，加大相应的制度对接，增强中国城市群产业协同能力，实现分工合作、功能互补、联系紧密、协调并进的城市群产业链现代化发展局面，增强城市群内城市间的技术交流与信息流通，降低产业重合率。结合各城市群产业基础能力优势，着重发展各地区优势产业，在弱势产业方面相互帮助，缓解中国城市群同质化的竞争程度。

二、推动城市群产业内外联动，助推形成现代化产业链内循环体系

为推动城市群产业内外联动，应遵循市场经济规律、产业发展规律，发挥市场在资源配置中的决定性作用，充分利用长三角城市群、粤港澳大湾区和成渝地区双城经济圈的枢纽战略地位。壮大中国城市群现代化产业链，促进产业集群转型升级，通过城市群多层次、全方位的沟通协调和互动合作，实现资源在全流域内优化配置，促进城市群现代化产业共同发展。应科学制订城市群发展政策，通过财政、税收和适当的行政指导等手段，合理干预和引导城市群产业布局和资源的配置，为产业结构优化奠定良好的基础，助推城市群产业链现代化内循环体系的形成。通过城市群产业联动寻求自身的比较优势，结合自身发掘的比较优势，降低产品同质性竞争和发展，从而形成完整的优势产业现代化产业链。建立互利共赢的合作机制，产业分工合作的关键在于制度协调，从政策上给经济要素自由流动的空间。必须突破中国各城市群内行政区划的限制，发挥市场机制的作用，充分整合区域内的各种经济资源，促进城市群产业分工合作。构建多边合作的联动机制，突破行政区划界限，

密切城市群之间的经济、技术联系，促进生产要素有序流动和城镇功能合理分工，共同推进跨域城市群联动发展。

三、建设城市群产业链现代化发展合作载体，打造跨域现代化产业集群

为实现城市群产业链现代化布局的利益最大化，应像沿海城市群一样设立专门的储能等产业的产业园区，产业聚集才能产生有效的集群效应。成渝地区应优化重大生产力布局，如共同建设西部大健康产业基地、高水平汽车产业研发生产制造基地等，协同构建世界级产业集群，如特色消费品产业集群、装备制造产业集群等。大力发展能源装备、轨道交通装备、智能制造装备、航空航天装备等高端装备制造产业，鼓励成渝地区共建装备制造产业集群，充分利用好成渝地区优势。整合优化成渝地区重大产业合作平台，建设高水平成渝产业合作示范园区，使成渝地区的合作更加深入，如共同打造数字产业新高地，推进成渝地区工业互联网一体化发展示范区的建设；共同建造巴蜀文化旅游走廊，打造巴蜀地区特色性的国际消费目的地，合力完成全国重要的现代服务业高地的建设，从而形成利益最大化的产业布局。把高竹新区打造成成渝合作的高水平样板，推进成渝高竹新区科技创新基地产业孵化区项目的建设，打造配套完善的科创平台，让更多项目、资金、政策向高竹新区汇聚。聚焦成渝两地优势产业，首先以成渝地区产业集群为基础，明确掌握相关产业链环节、上下游核心关联企业、各产业重点企业以及重点技术分布信息，完善跨区域打造产业集群的思路、方向和空间路径的规划，如共同打造汽车、电子信息、装备等三个世界级产业集群，合力推动消费品、生物医药等重点领域协同补链强链。

第四节　坚持以实体经济为基础，夯实城市群产业基础承载能力

一、筑牢实体经济根基，注入城市群产业链现代化体系硬核力量

坚持以实体经济作为城市群产业链现代化体系建设的基础，构建城市群产业链现代化体系。重点发展制造业，提高制造业的核心竞争力。首先，重点培育一批发展前景开阔、具有规模效应且技术先进的龙头企业和注重创新发展、精准定位市场需求的"专精特新"企业，二者协同发展，保链稳链，筑牢实体经济的根基。其次，着力打造战略性新兴产业和面向未来的先导性产业集群，建好城市群产业链现代化重点产业园区，加强城市群现代化产业之间的合作，优化信息资源配置，实现补链强链，加强城市群产业链上下游之间的联系。最后，创新是推动实体经济发展的重要原动力，城市群要积极推进建设高新技术创新平台，培育高素质技术型人才，促进城市群产业链智能化转型升级，推动城市群产业链现代化发展。

深化金融服务实体经济能力。提高对实体经济融资的扶持力度，降低中小微企业融资成本，拓宽融资渠道。搭建城市群融资信贷信息平台，畅通供需之间的对接，提高信贷的可获得性，为满足中国城市群产业链现代化发展需求的实体经济主体提供充足、高效的资金支持。积极鼓励金融机构加强与数字科技企业之间的合作，深化数字技术在金融领

域的运用，搭建多元化信息数据网络，重点提升对现代化产业链发展的金融服务支持。与此同时，要积极推进金融改革创新，打破制约金融发展的体制机制，打造中国城市群金融中心，形成良好的金融集聚效应，提高资本配置效率，为实体经济发展提供灵活多元化的金融服务。

二、提升城市群产业基础承载能力，夯实城市群产业链现代化发展基础

城市群要积极推进产业基础再造，推进产业链核心基础零部件、产业技术基础等"五基"能力再造，提升产业基础承载能力，促进产业基础向更高级的方向发展。传统和新型基础设施都要加快进行转型升级，提升城市群产业链现代化发展的硬件基础条件，优化水利、电力、交通等基础设施保障。着力打造各城市群内具有吸引力的高新产业园区，重视入驻企业的需求，为其提供良好的配套设施保障，打造和谐的营商环境，为构建城市群产业链现代化发展体系按下加速键。在现有的先进的产业基础上，主动吸引更多的优质项目，发挥城市群上下游协同创新发展的能力，形成巨大的裂变效应，不断培养新的经济增长点。

着力推进城市群重点基础产业园区建设。围绕集成电路、智能终端、汽车电子等对城市群构建现代化产业体系具有重要战略性意义的基础性产业搭建重点产业园区，重点关注现代化产业链条中的缺失、薄弱环节，梳理城市群产业链现代化发展中的核心技术、"卡脖子"问题，实现重难点问题各个击破，切实解决基础零部件、关键基础材料、工业软件等受制于人的局面。集中资金、人才、政策支持，打造一批城市群重点基础产业园区，以夯实城市群实体经济产业基础，切实增强战略性新兴产业和先导性产业的竞争力。

三、坚持高质量发展主线，打造城市群现代化产业体系新引擎

牢牢把握住高质量发展的主体不动摇，积极促进数字经济和实体经济深度融合，发挥"数字"的力量，为先导性产业体系的构建提供强大原动力。作为新型生产要素，数据能够对产业的转型升级起到极大的推动作用，能够有效提高智能制造示范项目的生产率，缩短产品研发周期，在提升产业生产效率的同时，提高产品质量。打造互联网数字信息平台，在打造上下游畅通的现代化产业链链条时，降低信息交易成本，有效缓解信息不对称问题，提升资源配置效率。深化推进产业数字化和数字产业化，利用数字技术对战略性新兴产业和面向未来的先导性产业进行全面的升级改造，提升城市群现代化产业的竞争力。

发挥技术要素在实体经济发展中的关键作用，优化传统的生产发展模式。当今世界，高新技术迅猛发展，是国家提升综合国力、掌握国际话语权的重要支撑。各城市群也要积极贡献自身的建设力量，为国家高质量发展添砖加瓦。因此，要大力倡导战略性新兴产业和先导性产业实现智能化生产，推进现代化产业链升级，强化补链、延链、强链工作。完善制度方面的顶层设计，制订和颁布促进技术要素更好地融入实体经济发展的相关政策制度。在财政上，也要加大扶持力度，以调整税收、放宽限制条件、专项补贴等多种手段增加该类企业的融资渠道，缓解其资金压力。最后，要完善高新技术人才培养体系，要能够吸引来人才，留得住人才，为中国城市群产业链现代化发展注入源源不断的活力。

第五节　推进政策体系构建，营造城市群一流"软、硬"营商环境

"十四五"时期，城市群应充分利用行政手段着力从宏观层面引导构建城市群现代化产业体系，前瞻性布局面向未来的先导产业，持续推动战略性新兴产业集群工程等国家战略，通过政府扶持、市场竞争、资金引导等各种方式，不断提高企业投融资能力以及核心技术的创新能力，要继续发挥法律手段的兜底保障作用，同时结合城市群产业链现代化体系发展方向，为产业发展提供良好的营商环境。

一、着力宏观引导，完善城市群产业链现代化发展政策体系

以产业发展问题为导向，优化完善政策体系。聚焦制约城市群产业链现代化发展的根本性问题和战略性问题，把政策资源向公共平台建设、集群培育、企业做强、创新引领、结构优化、人才支撑等产业持续健康发展的关键环节及薄弱环节倾斜，持续引导生产要素向现代化产业的高端环节及薄弱环节集聚，着力攻破企业在新产品新业态培育、创新驱动、质量提升、技术改造、品牌培育、渠道建设等方面的难题，提高现代化产业服务与产品的供给质量。完善政策的调整及退出机制，依据主要问题变化不断修订调整相关政策，以确保政策的持续性效果。提高现代化产业政策的精准性、前瞻性。有关部门应当充分调动政策利益相关方的积极性，制订科学的阶段性及总体目标，细化政策措施与工具，提升政策制定、实施与评估的精细化，实现现代化产业政策的精准化。

比如，针对城市群产业链现代化体系中的初创企业，政府应切实运用采购工具，保障初创企业的产品流通，利用政府本身的经济资源打开新兴产业市场。现代化产业政策应以"新"技术、"新"产品的研究开发为落脚点，将政策资源持续导向通用技术和技术融合领域，以此引导市场向创新性领域进行投资。推动产业政策向普惠性、功能性转变。在新形势下，产业政策应从原先的选择性转向普惠性与功能性，要在优化结构性产业政策对推动创新发展作用的同时，通过完善技术创新体系和公共服务体系，切实提高企业合作创新、开放创新的能力，依托功能性政策和服务体系构建，促进先导性产业体系整体生产效率的提升。

二、落实政策考核与实用性评估机制，动态调整优化政策结构

增强政策协调与执行力，实现政策效应最大化。设立强有力的领导组织机构，统筹协调城市群现代化产业发展中的重大政策制定与执行，建立健全各部门的工作规则、工作细则，明确相关部门的具体职责任务，确定主办、协办关系，明确有关工作由牵头部门启动、相关部门支持配合的具体运行方式，推动解决部门配合不顺畅、行动不协调、工作合力不强等问题。在确保已出台政策明晰化、具体化、可操作的同时，避免某项政策在不同文件中反复出现，对于此类政策可以在下属部门继续细化执行细则，以优化各项政策之间的协调配合机制，使政策之间形成"1 + 1 > 2"的合力。建立政策实用性评估的组织机构，精准把握政策效果。由决策部门牵头，相关职能部门、重点智库、社会组织、权威专家、企业和公众代表等主体共同组成"政策评估委员会"以及"专家咨询委员会"等组织协调机构，重点发挥其在加强评估供需对接、规范评估工作流程、促进评估机构协作、提高评估专业化水平、加强评估过

程监管等方面的统筹作用，以便精准把握重庆先导性产业政策效果。完善政策效果的反馈机制，动态优化政策结构。相关部门人员在收到政策反馈并做出相应调整后，对无效或低效的政策进行及时更改或完善，在此基础上指导新的政策制定和实施。将政策评估结果与政策制定和实施相关部门及其人员的激励约束相衔接，评估结果好的给予激励，评估结果不好的给予约束和问责，提高评估工作的透明度，用以促进政策制定、实施和评估工作。

三、提升软硬件环境条件，优化城市群产业链现代化整体营商环境

持续提升城市群产业链现代化发展的产业基础设施建设水平。加快新能源汽车、卫星等产业基础设施商业模式创新，推动从过去单一的补能服务向设备运维、大数据价值挖掘等增值服务升级，支撑运营商收入多元化，推动基础设施智能化、网络化、低碳化升级。持续提升营商环境的便利化水平。通过强化服务意识、创新服务方式来提高行政办事效率，大幅压缩企业开办工程建设项目的全流程审批、不动产登记、进出口通关等办理时间，深化"互联网＋政务服务"。持续提升营商环境的法治化水平。着力营造全社会依法依规的营商办事氛围，加大产权保护力度，健全以"双随机、一公开"监管为基本手段、以信用监管为基础、以重点监管为补充的新型监管机制。持续提升营商环境国际化水平。积极对接《全面与进步跨太平洋伙伴关系协定》《区域全面经济伙伴关系协定》等国际高标准经贸规则，开启数字贸易规则、陆上贸易规则等新兴领域的探索，持续提速港口型和陆港型国家物流枢纽的建设，不断推进服务业扩大开放的综合试点，提升服务业国际竞争力及整体发

展水平，并通过建立国际化知识产权保护体系，落实外商投资企业公平待遇。

第六节　中国城市群产业链现代化的发展路径研究

一、推动中国城市群产业基础更加高级的路径研究

强化城市群数字技术产业的战略布局，补齐产业基础能力短板。城市群应强化数字技术产业的战略布局，特别是补齐产业基础能力短板，尤其应补齐城市群产业链条上关键基础材料和产业技术基础等短板，不断提升城市群产业链现代化水平，打造自主可靠的数字产业链。城市群要积极推进产业基础再造，推进产业链核心基础零部件、产业技术基础等"五基"能力再造，提升产业基础承载能力，促进产业基础向更高级方向发展，传统和新型基础设施都要加速转型升级，提升城市群产业链现代化发展的硬件基础条件，优化水利、电力、交通等基础设施保障。

着力推进城市群重点基础产业园区建设，解决关键技术"卡脖子"问题。应补齐城市群产业链条上关键基础材料和产业技术基础等短板，以不断提升城市群产业链现代化水平。城市群应着力打造各具吸引力的高新产业园区，重视入驻企业的需求，为其提供良好的配套设施保障，打造和谐的营商环境，为构建城市群产业链现代化发展体系按下加速键。在现有的先进产业基础上，城市群应主动吸引更多优质项目，发挥城市群上下游协同创新发展的能力，形成巨大的裂变效应，不断培育新的经济增长点。另外，城市群应着力推进重点基础产业园区建设，围绕

集成电路、智能终端、汽车电子等战略性产业搭建重点园区，集中资金、人才、政策支持，解决产业链现代化发展中的关键技术问题，夯实实体经济基础，增强产业竞争力。

二、促进中国城市群产业链更加完善的路径研究

坚持补链、延链、强链，集中力量打造特色化产业链。强化"补链"，通过政府引导，围绕城市群产业链的关键环节和短板领域，如基础领域中的基础零部件、高端产业领域中的核心技术等，实施产业基础再造工程，并着力加强关键核心技术攻关，增强城市群产业链的自主可控能力。推动产业链"延链"，不仅把现有产业链条有机衔接起来，同时完善企业服务体系，吸引更多行业龙头企业进入城市群落地生根，提升城市群产业链价值，让城市群产业链条形成增长新动力。协同合作"强链"，应以城市群产业链协同为核心，发挥龙头企业的牵引作用，带动产业链上下游企业的共同成长，从而解决产业链条"长而不强"的痛点，继而提升产业链整体竞争力。

促进"四链"融合，提高城市群产业链创新能力。促进城市群产业链完善的关键在于创新。应加大"四链"融合创新资源的要素投入力度，结合国家发展战略需求和产业升级发展特点，引进并培育国内外创新型人才，推动实现更多科技创新成果。加强城市群"四链"融合科技创新的平台建设，以创新驱动战略为指引，在城市群内部共同建设高水平创新载体和重大公共服务平台，同时搭建创新资源共享平台，促进创新要素的流动，从而缩短创新周期，提升创新效率，增强城市群产业链的创新能力。另外，应促进城市群内部政产学研的深度融合，在政府的引导下，科技企业、高校、科研所联合建设高水平的协同创新体系，为

促进科技成果转化和产业化提供有力支持，推动形成创新力更强、附加值更高的城市群产业链。

三、保障中国城市群供应链更加安全的路径研究

供应链是围绕核心企业，从原材料供应商到最终产品用户之间的全过程管理和控制系统。随着全球化进程和信息技术的不断发展，中国城市群供应链逐渐变得更加庞大和复杂，同时也面临着越来越严峻的安全挑战。保障供应链的安全性对于企业的稳定运营和可持续发展起到至关重要的作用。首先，在壮大龙头企业的同时，也要鼓励微小企业的发展，提升城市群整体供应链安全。一方面，鼓励培育壮大创新型千亿级及百亿级龙头企业，为其提供更加有力的投入，助推龙头企业做大做强，以龙头企业带动小微企业发展，并积极推动城市群龙头企业供应链在海内外的合理布局，致力于扩大中国城市群龙头企业在全球的影响力，积极响应国家发布的以国内大循环为主，国内国际双循环相互促进的双循环战略。另一方面，支持促进微小企业的发展，在大型产业的各个细分产业领域，积极培育壮大在各细分领域具有较大产业技术基础优势及具有核心竞争力的中微小企业，致力于该产业供应链整体安全性和综合实力的提升，助推构建一个龙头企业主导、中小微企业支撑，具备更高安全性的供应链体系和具有强大竞争力的先进现代产业体系。

其次，建立中国城市群供应链安全治理体系，确保供应链各个环节的有效管理和控制。从构建新发展格局和培育新质生产力的最新要求出发，重新审视中国城市群供应链安全机制，建立一个由内在动力激发、推动中国城市群高质量发展的产业—企业双层面供应链治理体系。在产业层面，推动城市群供应链的区域共通和产业融通发展，将供应链安全

和城市群建设相互连接，进而推动建设产业能力互补、供应链安全稳定的协调发展机制。在企业层面，注重人员教育与培训、建立安全的流程规范和标准，进行风险评估与监测，以此提升企业的供应链管理水平。

最后，发挥数字经济对中国城市群供应链安全性的提升作用。数字经济影响供应链安全性的核心机制在于充分激发数据要素价值，从微观和宏观层面上转变供应链运行的要素与制度基础，推进企业运营模式的深度变革，扭转供应链安全困境。数字经济在加速推进供应链体系数字化、智能化、模块化的同时，也使其对数字基础设施和虚拟产业集群空间布局不用受传统空间因素制约，从而大大摆脱对自然条件、传统基础设施的依赖性。事实上，除了这种国际政治经济博弈导致的风险外，供应链所具备的复杂网络特征就容易使其自身呈现不稳定性。从中观和微观层面来看，供应链规模越是庞大，链条越是冗长，当遭遇偶发性风险冲击时，越是有可能通过网络结构而被振荡放大。一方面，数字经济能通过加强供应链上各节点的协同与决策匹配，提高供应链风险缓冲能力，提升供应链安全水平；另一方面，数字经济能推动供应链的智慧升级，改变各节点"信息孤岛"、独立决策、反馈时滞等问题，实现供应链数字化、智能化，从而提高供应链的决策协同。

四、实现中国城市群价值链更加高端的路径研究

中国城市群价值链向全球价值链体系的更高端节点迈进，能够引领产品由低附加值向高附加值转变，实现价值增值，提升中国在全球价值链体系中的分工地位。首先，更强的创新能力是推动价值链迈向更高端的根本驱动力。创新是提高全要素生产率的重要组成部分，能够推动我国经济发展方式不断转变，实现经济的可持续、高质量增长。创新引发

的技术梯度溢出将导致产业转移，而这正是全球价值链的形成、布局以及持续升级的核心动力源。创新能力强的企业和区域在全球产业链中处于领先位置，获得高额附加值；而创新能力较低的企业和区域需要加快创新推动升级，摆脱低端定位，优化和升级全球供应链价值链。因此，需要进一步完善"创新—产业—产业链"的逐级发展路径，推进产业链与创新链深度融合，大力提高产业链现代化进程中的自主创新水平，通过链条内部前沿技术提高产业自身竞争力，进而向价值链中高端攀升。

其次，要发挥绿色金融对中国城市群价值链高端化的促进作用。实现价值链高端化是指在价值增值以及价值创造层面占据中高端，绿色金融对价值链高端化的促进作用主要体现在资本层面，通过对市场资金的有效配置，绿色金融不仅可以抑制高污染和低效率行业的发展，而且还能够促进绿色和高技术行业的发展，从而倒逼产业的转型升级。具体表现为两个方面：一是从宏观政策角度来说，地方政府根据地区生产总值及"双碳"发展目标，采取减税降费等措施，鼓励节能环保和高技术行业的发展；另外，在清洁发展机制项目资金投入中也会重点关注污染行业的改造和清洁技术研发项目，进而有效促进工业技术创新，为本地区的工业转型和现代化作出贡献。二是从金融市场角度来说，绿色信贷作为一种重要的绿色金融手段，能够针对性提高"两高一剩"行业的融资成本，提高污染行业融资门槛，并减少高污染行业的融资量，倒逼高污染、高排放、低效益行业进行技术革新，同时，借助绿色证券、碳金融等绿色金融工具的支持，也能够为可持续发展的工业和高科技公司带来更多的发展机遇，为新产业的发展创造有利的条件，从而提高相关现代服务业水平和进行高附加值生产制造的能力，推动价值链高端化。

参 考 文 献

[1] 白积洋，刘成奎. 财税政策效应、政府效率与高新技术产业发展 [J]. 首都经济贸易大学学报，2020，22（5）：68－78.

[2] 白小虎. 生态文明建设的产业基础：产业生态化转型 [J]. 中共浙江省委党校学报，2010，26（5）：36－40.

[3] 白雪洁，宋培，李琳. 数字经济发展助推产业结构转型 [J]. 上海经济研究，2022，（5）：77－91.

[4] 白雪石，任桥，金林立. 绿色金融标准：趋势及展望 [J]. 清华金融评论，2022，107（10）：71－75.

[5] 边伟军，董琪，于龙振，等. 制造业产业基础能力的内涵、维度及量表开发——以轨道交通装备制造业为例 [J]. 科技进步与对策，2022，39（12）：62－72.

[6] 蔡昉. 刘易斯转折点——中国经济发展阶段的标识性变化 [J]. 经济研究，2022，57（1）：16－22.

[7] 蔡乌赶，许凤茹. 中国制造业产业链现代化水平的测度 [J]. 统计与决策，2021，37（21）：108－112.

[8] 蔡宗朝，夏征. 绿色金融服务经济高质量发展的机理与路径研究 [J]. 环境保护与循环经济，2019，39（4）：78－81.

[9] 昌忠泽，孟倩. 信息技术影响产业结构优化升级的中介效应分

析——来自中国省级层面的经验证据 [J]. 经济理论与经济管理，2018
(6)：39 – 50.

[10] 陈爱贞，陈凤兰，何诚颖. 产业链关联与企业创新 [J]. 中
国工业经济，2021 (9)：80 – 98.

[11] 陈二烈. 产业政策对商贸流通产业聚集的影响 [J]. 商业经
济研究，2022 (19)：5 – 8.

[12] 陈广汉，任晓丽. 产业结构服务化、生产率调整与经济增长
[J]. 经济问题探索，2021 (2)：121 – 134.

[13] 陈广汉，任晓丽. 粤港澳大湾区城市群产业集聚变动的经济
效应分析 [J]. 亚太经济，2021 (2)：143 – 152.

[14] 陈贵富，韩静，韩恺明. 城市数字经济发展、技能偏向型技
术进步与劳动力不充分就业 [J]. 中国工业经济，2022，(8)：118 –
136.

[15] 陈建军，陈菁菁，陈怀锦. 我国大都市群产业—城市协同治
理研究 [J]. 浙江大学学报（人文社会科学版），2018，48 (5)：166 –
176.

[16] 陈劲，阳镇. 新发展格局下的产业技术政策：理论逻辑、突
出问题与优化 [J]. 经济学家，2021 (2)：33 – 42.

[17] 陈经伟，姜能鹏，李欣. "绿色金融"的基本逻辑、最优边
界与取向选择 [J]. 改革，2019 (7)：119 – 131.

[18] 陈露，刘修岩，叶信岳，等. 城市群视角下的产业共聚与产业
空间治理：机器学习算法的测度 [J]. 中国工业经济，2020 (5)：99 –
117.

[19] 陈明华，张晓萌，刘玉鑫，等. 绿色 TFP 增长的动态演进及
趋势预测——基于中国五大城市群的实证研究 [J]. 南开经济研究，

2020 (1)：20 – 44.

[20] 陈诗一，陈登科.雾霾污染、政府治理与经济高质量发展 [J].经济研究，2018，53 (2)：20 – 34.

[21] 陈文俊，彭有为，胡心怡.战略性新兴产业政策是否提升了创新绩效 [J].科研管理，2020，41 (1)：22 – 34.

[22] 陈晓东，刘洋，周柯.数字经济提升我国产业链韧性的路径研究 [J].经济体制改革，2022 (1)：95 – 102.

[23] 陈晓东，杨晓霞.数字化转型是否提升了产业链自主可控能力？[J].经济管理，2022，44 (8)：23 – 39.

[24] 陈晓东，杨晓霞.数字经济发展对产业结构升级的影响——基于灰关联熵与耗散结构理论的研究 [J].改革，2021 (3)：26 – 39.

[25] 陈晓东，杨晓霞.数字经济可以实现产业链的最优强度吗？——基于1987—2017年中国投入产出表面板数据 [J].南京社会科学，2021 (2)：17 – 26.

[26] 陈心颖，陈明森，王相林.福建省制造业产业基础高级化与产业链现代化的路径选择 [J].东南学术，2021 (2)：145 – 154.

[27] 陈玉娇，宋铁波，黄键斌.企业数字化转型："随行就市"还是"入乡随俗"？——基于制度理论和认知理论的决策过程研究 [J].科学学研究，2022，40 (6)：1054 – 1062.

[28] 陈子韬，孟凡蓉，王焕.政府支持对高技术产业创新效率影响研究 [J].科学学研究，2020，38 (10)：1782 – 1790.

[29] 成青青.产业链供应链内涵、机理与测度研究——基于地区产业链供应链韧性及对南通的启示 [J].上海经济，2022 (6)：25 – 40.

[30] 程俊杰.工业互联网促进产业链现代化：理论逻辑与突破路

径［J］. 现代经济探讨，2023（1）：93－102.

［31］程丽辉，崔琰，周忆南. 关中城市群产业协同发展策略［J］. 开发研究，2020（6）：56－62.

［32］程锐，夏楠，马莉莉. 高校扩招、人力资本与产业结构升级［J］. 教育经济评论，2023，8（2）：35－63.

［33］崔彦哲，周京奎. 效率与平衡视角下京津冀城市群产业发展水平测度［J］. 科技进步与对策，2019，36（20）：47－53.

［34］戴鹏毅，杨胜刚，袁礼. 资本市场开放与企业全要素生产率［J］. 世界经济，2021，44（8）：154－178.

［35］旦志红，何伦志. 贸易畅通视角下的"一带一盟"对接［J］. 中国流通经济，2017，31（6）：17－26.

［36］党琳，李雪松，申烁. 数字经济、创新环境与合作创新绩效［J］. 山西财经大学学报，2021，43（11）：1－15.

［37］邓祥征，杨开忠，单菁菁，等. 黄河流域城市群与产业转型发展［J］. 自然资源学报，2021，36（2）：273－289.

［38］丁攀，金为华，陈楠. 绿色金融发展、产业结构升级与经济可持续增长［J］. 南方金融，2021（2）：13－24.

［39］杜建勇，曹文姝. "双碳"目标下绿色金融发展对碳排放的影响研究［J］. 学习论坛，2022（6）：114－118.

［40］杜莉，武俊松. 碳金融监管：银行业创新监管的路径和延伸［J］. 华东经济管理，2016（3）：1－5.

［41］杜莉，郑立纯. 我国绿色金融政策体系的效应评价——基于试点运行数据的分析［J］. 清华大学学报（哲学社会科学版），2019，34（1）：173－182，199.

［42］范晓敏. 城市群如何带动区域经济增长［J］. 人民论坛，

2020（16）：72－73.

[43] 冯帆，张璐．国内价值链与地区产业结构升级——基于增加值视角的实证研究 [J]．现代经济探讨，2020（12）：91－99.

[44] 傅为忠，潘玉，王丹．双碳背景下中国建筑垃圾资源循环产业政策量化评价研究——基于 PMC 指数模型 [J]．工业技术经济，2022，41（8）：134－142.

[45] 干春晖，郑若谷，余典范．中国产业结构变迁对经济增长和波动的影响 [J]．经济研究，2011，46（5）：4－16，31.

[46] 高洪玮．中国式现代化与产业链韧性：历史逻辑、理论基础与对策建议 [J]．当代经济管理，2023，45（4）：11－19.

[47] 高锦杰，张伟伟．绿色金融对我国产业结构生态化的影响研究——基于系统 GMM 模型的实证检验 [J]．经济纵横，2021（2）：105－115.

[48] 高敬峰，王彬．国内区域价值链、全球价值链与地区经济增长 [J]．经济评论，2020（2）：20－35.

[49] 高小珺，郭晗．中心城市推动城市群平衡发展的机制研究——以京津冀城市群为例 [J]．南京财经大学学报，2021（6）：34－44.

[50] 葛鹏飞，黄秀路，徐璋勇．金融发展、创新异质性与绿色全要素生产率提升——来自"一带一路"的经验证据 [J]．财经科学，2018（1）：1－14.

[51] 宫汝凯，李洪亚．技术进步、经济结构转型与中国对外直接投资：基于 2003—2012 年的证据 [J]．南开经济研究，2016（6）：56－77.

[52] 苟建华，孙卓．数字经济赋能产业链供应链现代化水平提升对策 [J]．全国流通经济，2021（30）：134－136.

[53] 苟文峰．产业链现代化的历史演变、区域重构与人才支撑研

究——以重庆为例 [J]. 宏观经济研究, 2021 (7): 79 - 88.

[54] 郭炳南, 王宇, 张浩. 数字经济、绿色技术创新与产业结构升级——来自中国 282 个城市的经验证据 [J]. 兰州学刊, 2022 (2): 58 - 73.

[55] 郭美晨. ICT 产业与产业结构优化升级的关系研究——基于灰关联熵模型的分析 [J]. 经济问题探索, 2019 (4): 131 - 140.

[56] 郭丰, 杨上广, 任毅. 数字经济、绿色技术创新与碳排放——来自中国城市层面的经验证据 [J]. 陕西师范大学学报 (哲学社会科学版), 2022, 51 (3): 45 - 60.

[57] 郭峰, 王靖一, 王芳, 等. 测度中国数字普惠金融发展: 指数编制与空间特征 [J]. 经济学 (季刊), 2020, 19 (4): 1401 - 1418.

[58] 郭福春, 潘锡泉. 金融支持低碳经济发展的影响机制研究——基于浙江省数据的经验分析 [J]. 浙江社会科学, 2011 (10): 12 - 19, 127, 155.

[59] 郭凯明. 人工智能发展、产业结构转型升级与劳动收入份额变动 [J]. 管理世界, 2019 (7): 66 - 83.

[60] 郭沛, 梁栋. 低碳试点政策是否提高了城市碳排放效率——基于低碳试点城市的准自然实验研究 [J]. 自然资源学报, 2022, 37 (7): 1876 - 1892.

[61] 郭树华, 王玺, 郭天一. "一带一路" 对沿边地区空间演化的政策效应研究 [J]. 华东经济管理, 2022, 36 (9): 24 - 32.

[62] 郭晔, 赖章福. 政策调控下的区域产业结构调整 [J]. 中国工业经济, 2011 (4): 74 - 83.

[63] 郭占. 中国绿色金融指数构建研究 [D]. 西安: 西北大学, 2019.

[64] 韩文龙. 数字经济赋能经济高质量发展的政治经济学分析 [J]. 中国社会科学院研究生院学报, 2021 (2): 98 - 108.

[65] 韩永辉, 黄亮雄, 王贤彬. 产业政策推动地方产业结构升级了吗? ——基于发展型地方政府的理论解释与实证检验 [J]. 经济研究, 2017, 52 (8): 33 - 48.

[66] 郝挺雷, 黄永林. 论双循环新发展格局下的数字文化产业链现代化 [J]. 江汉论坛, 2021 (4): 127 - 133.

[67] 何黎明. 产业链供应链安全稳定与现代化 [J]. 供应链管理, 2021, 2 (1): 7 - 12.

[68] 何德旭, 姚战琪. 中国产业结构调整的效应、优化升级目标和政策措施 [J]. 中国工业经济, 2008 (5): 46 - 56.

[69] 贺广明, 高晓彤, 刘家华. 流通产业集聚对经济高质量发展的影响 [J]. 商业经济研究, 2022 (3): 9 - 12.

[70] 贺正楚, 曹德, 潘红玉, 等. 全产业链发展状况的评价指标体系构建 [J]. 统计与决策, 2020, 36 (18): 163 - 166.

[71] 洪银兴, 李文辉. 基于新发展格局的产业链现代化 [J]. 马克思主义与现实, 2022 (1): 119 - 125, 204.

[72] 侯杰, 张梅青. 城市群功能分工对区域协调发展的影响研究——以京津冀城市群为例 [J]. 经济学家, 2020 (6): 77 - 86.

[73] 胡梅梅, 邓超, 唐莹. 绿色金融支持 "两型" 产业发展研究 [J]. 经济地理, 2014, 34 (11): 107 - 111.

[74] 胡扬名, 刘鲜梅, 宫仁贵. 中国智慧养老产业政策量化研究——基于三维分析框架的视角 [J]. 北京航空航天大学学报 (社会科学版), 2023, 36 (2): 67 - 77.

[75] 胡杨林, 张波. 绿色金融发展的经济增长效应——基于珠三

角城市群的实证分析 [J]. 深圳社会科学，2021，4（1）：63 - 71.

[76] 黄光灿，王珏，马莉莉. 全球价值链视角下中国制造业升级研究——基于全产业链构建 [J]. 广东社会科学，2019（1）：54 - 64.

[77] 黄群慧. 论新时期中国实体经济的发展 [J]. 中国工业经济，2017（9）：5 - 24.

[78] 黄群慧，倪红福. 基于价值链理论的产业基础能力与产业链水平提升研究 [J]. 经济体制改革，2020（5）：11 - 21.

[79] 黄群慧. 以产业链供应链现代化水平提升推动经济体系优化升级 [J]. 马克思主义与现实，2020（6）：38 - 42.

[80] 黄群慧，余泳泽，张松林，等. 互联网发展与制造业生产率提升：内在机制与中国经验 [J]. 中国工业经济，2019（8）：5 - 23.

[81] 黄泰岩，片飞. 习近平关于产业链供应链现代化理论的逻辑体系 [J]. 经济学家，2022（5）：5 - 13.

[82] 黄天能，许进龙，谢凌凌. 资源枯竭城市产业结构转型升级水平测度及其影响因素——基于24座地级市的面板数据 [J]. 自然资源学报，2021，36（8）：2065 - 2080.

[83] 蹇世琼，彭寿清，冉隆锋，等. 新一轮教师队伍建设政策：执行机制与未来前瞻——基于28份中央 - 地方《意见》的政策文本测量 [J]. 西南大学学报（社会科学版），2021，47（1）：124 - 133.

[84] 江飞涛，李晓萍. 改革开放四十年中国产业政策演进与发展——兼论中国产业政策体系的转型 [J]. 管理世界，2018，34（10）：73 - 85.

[85] 蒋瑛，汪琼，杨骁. 全球价值链嵌入、数字经济与产业升级——基于中国城市面板数据的研究 [J]. 兰州大学学报（社会科学版），2021，49（6）：40 - 55.

[86] 焦帅涛，孙秋碧. 我国数字经济发展对产业结构升级的影响研究 [J]. 工业技术经济，2021，40（5）：146 – 154.

[87] 金环，于立宏. 数字经济、城市创新与区域收敛 [J]. 南方经济，2021（12）：21 – 36.

[88] 金志奇. 试论信息技术对产业结构变动与升级的作用 [J]. 现代财经，2005（7）：74 – 77.

[89] 荆林波. 韧性城市的理论内涵、运行逻辑及其在数字经济背景下的新机遇 [J]. 贵州社会科学，2021（1）：108 – 115.

[90] 荆文君，孙宝文. 数字经济促进经济高质量发展：一个理论分析框架 [J]. 经济学家，2019（2）：66 – 73.

[91] 兰娅菲，韩朦，陈颖，等. 国家中医药产业政策评价研究——基于PMC指数模型 [J]. 中国卫生事业管理，2022，39（4）：280 – 286.

[92] 雷少华. 超越地缘政治——产业政策与大国竞争 [J]. 世界经济与政治，2019（5）：131 – 154，160.

[93] 黎峰. 中国国内价值链是怎样形成的？[J]. 数量经济技术经济研究，2016，33（9）：76 – 94.

[94] 李博薇，乔宏. "双碳"背景下绿色金融对产业结构升级的影响——基于中介效应的分析 [J]. 河北农业大学学报（社会科学版），2022，24（2）：64 – 71.

[95] 李成明，李亚飞，董志勇. 资本市场开放与产业政策有效性——基于企业创新视角 [J]. 产业经济研究，2022（3）：1 – 14，40.

[96] 李春发，李冬冬，周驰. 数字经济驱动制造业转型升级的作用机理——基于产业链视角的分析 [J]. 商业研究，2020（2）：73 – 82.

[97] 李峰，李明祥，张宇敬．科技创新、产业结构升级对经济发展的实证分析 [J]．技术经济，2021，40（7）：1 - 10.

[98] 李凤娇，吴非，任玎．财政分权、地方政府效率与区域创新 [J]．科研管理，2021，42（2）：112 - 120.

[99] 李跟强，潘文卿．国内价值链如何嵌入全球价值链：增加值的视角 [J]．管理世界，2016（7）.

[100] 李金栋．低碳经济视角下中国绿色金融发展研究 [J]．财会通讯，2019（29）：44 - 48.

[101] 李晶晶，张卿．中国城市群产业发展比较研究——基于长三角、珠三角、京津冀与成渝城市群的比较 [J]．经济视角，2021，40（3）：99 - 108.

[102] 李俊杰，王雪颜．产业集聚对城市群层级空间分异效应的实证研究 [J]．城市，2021（7）：3 - 17.

[103] 李俊杰，王雪颜．京津冀地区产业集聚对经济高质量发展效应的实证研究 [J]．城市，2021（3）：14 - 26.

[104] 李琳，楚紫穗．我国区域产业绿色发展指数评价及动态比较 [J]．经济问题探索，2015（1）：68 - 75.

[105] 李苗苗，肖洪钧，赵爽．金融发展、技术创新与经济增长的关系研究——基于中国的省市面板数据 [J]．中国管理科学，2015，23（2）：162 - 169.

[106] 李胜会，戎芳毅．产业链现代化的渐进逻辑：破解锁定与韧性提升 [J]．广东社会科学，2022（5）：37 - 47.

[107] 李世峰，朱国云．"双碳"愿景下的能源转型路径探析 [J]．南京社会科学，2021（12）：48 - 56.

[108] 李天健，赵学军．产业链供应链安全的内涵和维度 [J]．北

京石油管理干部学院学报，2022，29（5）：76-77.

[109] 李万. 加快提升我国产业基础能力和产业链现代化水平 [J].
中国党政干部论坛，2020（1）：26-30.

[110] 李玮. 产业政策对数字经济行业技术创新的异质性影响 [J].
技术经济与管理研究，2022（6）：8-12.

[111] 李雯轩，李文军. 新发展格局背景下保障我国产业链供应链
安全的政策建议 [J]. 价格理论与实践，2022（2）：96-99，200.

[112] 李小玉，邱信丰. 以数字经济产业协同促进长江中游城市群
高质量发展研究 [J]. 经济纵横，2022（12）：41-49.

[113] 李晓华. 产业链韧性的支撑基础：基于产业根植性的视角
[J]. 甘肃社会科学，2022（6）：180-189.

[114] 李晓华. 数字经济新特征与数字经济新动能的形成机制 [J].
改革，2019（11）：40-51.

[115] 李晓钟，叶昕. 自贸试验区对区域产业结构升级的政策效应
研究 [J]. 国际经济合作，2021（4）：46-53.

[116] 李雪松，齐晓旭. 长江中游城市群差异化协同发展的演化与
分析 [J]. 工业技术经济，2019，38（12）：75-83.

[117] 李娅，官令今. 规模、效率还是创新：产业政策工具对战略
性新兴产业作用效果的研究 [J]. 经济评论，2022（4）：39-58.

[118] 李沧，周韩梅. 绿色金融发展对产业结构转型升级的空间效
应及异质性研究——基于空间杜宾模型的解释 [J]. 西南大学学报（自
然科学版），2023，45（3）：164-174.

[119] 李艺铭. 加快推进粤港澳大湾区城市群产业协同发展——基
于与东京湾城市群电子信息产业的对比分析 [J]. 宏观经济管理，2020
（9）：83-88.

［120］李永红，黄瑞．我国数字产业化与产业数字化模式的研究［J］．科技管理研究，2019，39（16）：129－134.

［121］李毓，胡海亚，李浩．绿色信贷对中国产业结构升级影响的实证分析——基于中国省级面板数据［J］．经济问题，2020（1）：37－43.

［122］李治国，车帅，王杰．数字经济发展与产业结构转型升级——基于中国275个城市的异质性检验［J］．广东财经大学学报，2021，36（5）：27－40.

［123］李紫薇，董长贵．减税降费政策对产业升级的影响研究［J］．宏观经济研究，2021（2）：53－59，175.

［124］梁红艳．中国城市群生产性服务业分布动态、差异分解与收敛性［J］．数量经济技术经济研究，2018，35（12）：40－60.

［125］林晶，吴赐联，甘健胜．地区产业链现代化指数测算及障碍诊断［J］．三峡大学学报（人文社会科学版），2023，45（1）：78－85.

［126］刘锋，黄苹，唐丹．绿色金融的碳减排效应及影响渠道研究［J］．金融经济学研究，2022，37（6）：144－158.

［127］刘国巍，邵云飞，刘博．模块化网络视角下我国大健康产业链协同创新能力评价研究［J］．科技进步与对策，2021，38（24）：85－95.

［128］刘海波，刘砾丹．中国产业政策演进与产业结构全面优化［J］．内蒙古社会科学，2022，43（3）：122－131.

［129］刘汉初，樊杰，张海朋，等．珠三角城市群制造业集疏与产业空间格局变动［J］．地理科学进展，2020，39（2）：195－206.

［130］刘俏．碳中和与中国经济增长逻辑［J］．中国经济评论，2021（12）：22－25.

[131] 刘霞, 何鹏. 绿色金融在中部地区经济发展中的影响效应研究 [J]. 工业技术经济, 2019, 38 (3): 76-84.

[132] 刘新智, 张鹏飞, 史晓宇. 产业集聚、技术创新与经济高质量发展——基于我国五大城市群的实证研究 [J]. 改革, 2022 (4): 68-87.

[133] 刘新智, 朱思越, 周韩梅. 长江经济带数字经济发展能否促进区域绿色创新 [J]. 学习与实践, 2022 (10): 21-29.

[134] 刘洋, 陈晓东. 中国数字经济发展对产业结构升级的影响 [J]. 经济与管理研究, 2021, 42 (8): 15-29.

[135] 刘垚, 贾晓斐. 全球价值链嵌入对国内贸易市场分割的影响——基于空间溢出视角 [J]. 商业经济研究, 2022 (1): 139-143.

[136] 刘轶楠, 孟祥彬. 绿色金融助力城乡商贸流通结构升级: 理论及实证 [J]. 商业经济研究, 2022 (23): 18-21.

[137] 刘友金, 尹延钊, 曾小明. 中国向"一带一路"国家产业转移的互惠共生效应——基于双边价值链升级视角的研究 [J]. 经济地理, 2020, 40 (10): 136-146.

[138] 刘志彪. 产业基础高级化: 动态比较优势运用与产业政策 [J]. 江海学刊, 2019 (6): 25-32, 254.

[139] 刘志彪. 产业链现代化的产业经济学分析 [J]. 经济学家, 2019 (12): 5-13.

[140] 刘志彪, 孔令池. 双循环格局下的链长制: 地方主导型产业政策的新形态和功能探索 [J]. 山东大学学报 (哲学社会科学版), 2021 (1): 110-118.

[141] 刘志彪, 张杰. 从融入全球价值链到构建国家价值链: 中国产业升级的战略思考 [J]. 学术月刊, 2009, 41 (9): 59-68.

[142] 龙少波, 丁点尔. 消费升级对产业升级的影响研究: 理论机制及实证检验 [J]. 现代经济探讨, 2022 (10): 25 - 38.

[143] 龙云安, 陈国庆. "美丽中国" 背景下我国绿色金融发展与产业结构优化 [J]. 企业红价, 2018 (4): 11 - 18.

[144] 逯进, 王晓飞, 刘璐. 低碳城市政策的产业结构升级效应——基于低碳城市试点的准自然实验 [J]. 西安交通大学学报 (社会科学版), 2020, 40 (2): 104 - 115.

[145] 吕康娟, 蔡大霞. 城市群功能分工、工业技术进步与工业污染——来自长三角城市群的数据检验 [J]. 科技进步与对策, 2020, 37 (14): 47 - 55.

[146] 罗奎, 李广东, 劳昕. 京津冀城市群产业空间重构与优化调控 [J]. 地理科学进展, 2020, 39 (2): 179 - 194.

[147] 罗仲伟, 孟艳华. "十四五" 时期区域产业基础高级化和产业链现代化 [J]. 区域经济评论, 2020 (1): 32 - 38.

[148] 马朝良. 产业链现代化下的企业协同创新研究 [J]. 技术经济, 2019, 38 (12): 42 - 50.

[149] 马丹, 何雅兴, 郁霞. 双重价值链、经济不确定性与区域贸易竞争力——"一带一路" 建设的视角 [J]. 中国工业经济, 2021 (4): 81 - 99.

[150] 马海涛, 黄晓东, 罗奎. 京津冀城市群区域产业协同的政策格局及评价 [J]. 生态学报, 2018, 38 (12): 4424 - 4433.

[151] 马骏. 论构建中国绿色金融体系 [J]. 金融论坛, 2015, 20 (5): 18 - 27.

[152] 马骏. 中国绿色金融展望 [J]. 中国金融, 2016 (16): 20 - 22.

[153] 马晓君，李艺婵，傅治，等．空间效应视角下数字经济对产业结构升级的影响［J］．统计与信息论坛，2022，37（11）：14－25．

[154] 马燕坤．城市群功能空间分工形成的演化模型与实证分析［J］．经济管理，2016，38（12）：31－46．

[155] 马燕坤，张雪领．中国城市群产业分工的影响因素及发展对策［J］．区域经济评论，2019（6）：106－116．

[156] 毛冰．中国产业链现代化水平指标体系构建与综合测度［J］．经济体制改革，2022（2）：114－120．

[157] 毛其淋．人力资本推动中国加工贸易升级了吗？［J］．经济研究，2019，54（1）：52－67．

[158] 孟卫军，张雪莱，邢青松．产业协同集聚对城市绿色经济发展的影响研究——基于长三角城市群的实证分析［J］．生态经济，2022，38（2）：67－74．

[159] 牛志伟，邹昭晞，卫平东．全球价值链的发展变化与中国产业国内国际双循环战略选择［J］．改革，2020（12）：28－47．

[160] 潘为华，贺正楚，潘红玉．习近平关于产业链发展重要论述的理论内涵与实践价值［J］．湖南科技大学学报（社会科学版），2021，24（4）：67－75．

[161] 彭炳忠，易俊宇．数字经济对长江经济带产业结构升级的影响研究［J］．湖南社会科学，2021（6）：51－57．

[162] 彭山桂，李敏，郭正宁，等．地方政府"两手"供地策略对产业结构优化的非线性影响——基于合理化与高级化双重视角的考察［J］．中国土地科学，2023，37（3）：48－58．

[163] 戚聿东，肖旭，蔡呈伟．产业组织的数字化重构［J］．北京师范大学学报（社会科学版），2020（2）：130－147．

[164] 齐讴歌，赵勇. 城市群功能分工的时序演变与区域差异 [J]. 财经科学，2014（7）：114-121.

[165] 齐亚伟，张荣真. 工业化进程中信息产业与区域产业结构优化的关联分析 [J]. 统计与决策，2015（24）：148-151.

[166] 钱水土，王文中，方海光. 绿色信贷对我国产业结构优化效应的实证分析 [J]. 金融理论与实践，2019（1）：1-8.

[167] 钱文渊. 人民币汇率波动对人民币国际化影响研究 [D]. 杭州：浙江大学，2021.

[168] 钱学锋，裴婷. 国内国际双循环新发展格局：理论逻辑与内生动力 [J]. 重庆大学学报（社会科学版），2021，27（1）：14-26.

[169] 邱海洋. 绿色金融的经济增长效应研究 [J]. 经济研究参考，2017，2814（38）：53-59.

[170] 邱灵. 着力提升产业链供应链韧性和安全水平 [J]. 宏观经济管理，2023（1）：33-39.

[171] 裘莹，郭周明. 数字经济推进我国中小企业价值链攀升的机制与政策研究 [J]. 国际贸易，2019（11）：12-20.

[172] 曲越，秦晓钰，黄海刚，等. 碳达峰碳中和的区域协调：实证与路径 [J]. 财经科学，2022（1）：55-70.

[173] 芮明杰. 构建现代产业体系的战略思路、目标与路径 [J]. 中国工业经济，2018（9）：24-40.

[174] 单媛，李红梅. 加快打造长三角新型更具韧性的产业链 [J]. 宏观经济管理，2021（12）：57-62，70.

[175] 邵军，杨敏. 数字经济与我国产业链供应链现代化：推动机制与路径选择 [J]. 南京社会科学，2023（2）：26-34.

[176] 申俊喜，徐晓凡. 消费升级引领战略性新兴产业高质量发

展——基于全球价值链攀升的视角 [J]. 南京工业大学学报（社会科学版），2021，20（5）：49 - 64，111 - 112.

[177] 沈敏杰，赵明涛. 长江经济带金融发展对产业结构转型升级的影响研究 [J]. 合肥工业大学学报（社会科学版），2020，34（5）：10 - 16.

[178] 沈运红，黄桁. 数字经济水平对制造业产业结构优化升级的影响研究——基于浙江省 2008—2017 年面板数据 [J]. 科技管理研究，2020（3）：147 - 154.

[179] 盛斌，苏丹妮，邵朝对. 全球价值链、国内价值链与经济增长：替代还是互补 [J]. 世界经济，2020，43（4）：3 - 27.

[180] 盛朝迅. 从产业政策到产业链政策："链时代"产业发展的战略选择 [J]. 改革，2022（2）：22 - 35.

[181] 盛朝迅，李子文，徐建伟，等. 产业基础再造的国际经验与中国路径研究 [J]. 宏观经济研究，2022（2）：137 - 146，154.

[182] 盛朝迅. 推进我国产业链现代化的思路与方略 [J]. 改革，2019（10）：45 - 56.

[183] 盛朝迅. 新发展格局下推动产业链供应链安全稳定发展的思路与策略 [J]. 改革，2021（2）：1 - 13.

[184] 盛朝迅，徐建伟，任继球. 实施产业基础再造工程的总体思路与主要任务研究 [J]. 宏观质量研究，2021，9（4）：64 - 77.

[185] 盛科荣，王丽萍，孙威. 中国城市价值链功能分工及其影响因素 [J]. 地理研究，2020，39（12）：2763 - 2778.

[186] 石建勋，卢丹宁. 着力提升产业链供应链韧性和安全水平研究 [J]. 财经问题研究，2023（2）：3 - 13.

[187] 史代敏，施晓燕. 绿色金融与经济高质量发展：机理、特征

与实证研究 [J]. 统计研究, 2022, 39 (1): 31 - 48.

[188] 舒泰一, 张子微, 赵田田, 等. 绿色金融与乡村振兴的时空耦合协调研究 [J]. 现代管理科学, 2022 (5): 3 - 13.

[189] 宋华, 杨雨东. 中国产业链供应链现代化的内涵与发展路径探析 [J]. 中国人民大学学报, 2022, 36 (1): 120 - 134.

[190] 宋凌云, 王贤彬. 重点产业政策、资源重置与产业生产率 [J]. 管理世界, 2013 (12): 63 - 77.

[191] 宋德勇, 李东方. 国家级城市群高质量平衡增长研究——基于产业分工的视角 [J]. 经济经纬, 2021, 38 (1): 5 - 14.

[192] 孙红梅, 雷喻捷. 长三角城市群产业发展与环境规制的耦合关系: 微观数据实证 [J]. 城市发展研究, 2019, 26 (11): 19 - 26.

[193] 孙华平, 杜秀梅. 全球价值链嵌入程度及地位对产业碳生产率的影响 [J]. 中国人口·资源与环境, 2020, 30 (7): 27 - 37.

[194] 孙坤鑫. 货币政策拉动就业增长的有效性研究——基于系统GMM 估计与面板门槛模型的实证分析 [J]. 金融发展研究, 2021 (7): 35 - 41.

[195] 孙文娜, 徐丹. 绿色金融体系与经济可持续发展 [J]. 现代经济信息, 2016 (18): 277 - 278.

[196] 孙早, 席建成. 中国式产业政策的实施效果: 产业升级还是短期经济增长 [J]. 中国工业经济, 2015 (7): 52 - 67.

[197] 孙志贤, 刘洋. 产业结构升级与物流业低碳效率的时空耦合特征及驱动机制 [J]. 管理现代化, 2022 (5): 18 - 26.

[198] 谭浩娟, 刘硕. 我国公共服务水平评价及影响因素研究 [J]. 统计与决策, 2016 (8): 91 - 94.

[199] 谭锐. 湾区城市群产业分工: 一个比较研究 [J]. 中国软科

学, 2020 (11): 87 - 99.

[200] 田嘉莉, 黄文艳, 彭甲超, 等. 绿色金融赋能碳中和的传导机制与空间效应 [J]. 西部论坛, 2022, 32 (5): 44 - 62.

[201] 田园. 可持续发展视角下长江经济带城市群综合承载力研究 [D]. 重庆: 重庆大学, 2019.

[202] 万勇. 技术创新、贸易开放度与市场化的区域经济增长效应——基于时空维度上的效应分析 [J]. 研究与发展管理, 2010, 22 (3): 86 - 95.

[203] 汪彬, 阳镇. 双循环新发展格局下产业链供应链现代化: 功能定位、风险及应对 [J]. 社会科学, 2022 (1): 73 - 81.

[204] 汪翠翠. 关于价值链理论与产业成长的文献综述 [J]. 赤峰学院学报 (自然科学版), 2014, 30 (11): 96 - 98.

[205] 汪先永, 刘冬, 贺灿飞, 等. 北京产业链与产业结构调整研究 [J]. 北京工商大学学报 (社会科学版), 2006 (2): 16 - 21.

[206] 王帮俊, 喻攀. 光伏产业政策效力和效果评估——基于中国2010—2020 年政策文本的量化分析 [J]. 软科学, 2022, 36 (8): 9 - 16.

[207] 王方方, 李宁. 我国财政政策对产业结构优化的时变效应 [J]. 数量经济技术经济研究, 2017, 34 (11): 132 - 147.

[208] 王凤荣, 王康仕. 绿色金融的内涵演进、发展模式与推进路径——基于绿色转型视角 [J]. 理论学刊, 2018 (3): 59 - 66.

[209] 王桂玲, 杨德刚, 闫海龙, 等. 中心城市发展与城市群产业整合发展研究——以乌昌石城市群为例 [J]. 干旱区研究, 2016, 33 (2): 434 - 440.

[210] 王国红, 邢蕊, 唐丽艳. 基于知识场的产业集成创新研究

[J]. 中国软科学, 2010 (9): 96 - 107.

[211] 王宏伟. 信息产业与中国经济增长的实证分析 [J]. 中国工业经济, 2009 (11): 66 - 76.

[212] 王静. 提升产业链供应链现代化水平的共融路径研究 [J]. 中南财经政法大学学报, 2021 (3): 144 - 156.

[213] 王静. 协同驱动提升产业链供应链现代化水平的形成机制研究——基于 BP - SVM 联合优化模型 [J]. 中国管理科学, 2023, 31 (6): 196 - 206.

[214] 王娟娟, 佘干军. 我国数字经济发展水平测度与区域比较 [J]. 中国流通经济, 2021, 35 (8): 3 - 17.

[215] 王磊, 覃朝晖, 魏龙. 数字经济对高技术制造业产业链现代化的影响效应分析 [J]. 贵州社会学, 2022 (6): 127 - 136.

[216] 王黎萤, 李胜楠, 王举铎. 我国工业互联网产业政策量化评价——基于 PMC 指数模型 [J]. 工业技术经济, 2022, 41 (11): 151 - 160.

[217] 王小华, 黎涛瑞. 绿色金融发展降低能源消耗强度了吗? [J]. 江南大学学报 (人文社会科学版), 2022, 21 (6): 54 - 70.

[218] 王艳秋, 金秋颖, 杨晓龙, 等. 空间整合、产业势力、治理模式与集群产业链升级 [J]. 经济问题探索, 2013 (9): 58 - 62.

[219] 王燕妮. 中国新能源汽车产业支持政策再分析——基于政策工具、价值链和产业链三维度 [J]. 现代管理科学, 2017 (5): 33 - 35, 39.

[220] 王一鸣. 百年大变局、高质量发展与构建新发展格局 [J]. 管理世界, 2020, 36 (12): 1 - 13.

[221] 王翌秋, 郭冲. 长江经济带绿色金融与产业绿色发展耦合协

调研究 [J]. 河海大学学报（哲学社会科学版），2022（2）：53 - 59，110 - 111.

[222] 王运喆，张国俊，周春山. 中国城市群产业协同集聚的时空特征及影响因素 [J]. 世界地理研究，2023，32（2）：104 - 114.

[223] 魏长升，周航宇. 数字经济与制造业产业链现代化耦合协调研究 [J]. 工业技术经济，2023，42（4）：24 - 33.

[224] 魏海涛，肖天聪，胡宝生，等. 基于距离的产业集聚测度——以长三角城市群为例 [J]. 城市发展研究，2020，27（10）：55 - 63.

[225] 魏后凯. 大都市区新型产业分工与冲突管理——基于产业链分工的视角 [J]. 中国工业经济，2007（2）：28 - 34.

[226] 魏婕，杜欣娱，任保平. 中国产业基础能力的时空演变格局——产业现代化视角的产业基础能力评价与分析 [J]. 西部论坛，2021，31（6）：49 - 66.

[227] 魏丽莉，侯宇琦. 数字经济对中国城市绿色发展的影响作用研究 [J]. 数量经济技术经济研究，2022，39（8）：60 - 79.

[228] 魏丽莉，杨颖. 绿色金融：发展逻辑、理论阐释和未来展望 [J]. 兰州大学学报（社会科学版），2022，50（2）：60 - 73.

[229] 魏丽莉，杨颖. 西北地区绿色金融与产业结构耦合协调发展的历史演进——基于新结构经济学的视角 [J]. 兰州大学学报（社会科学版），2019，47（5）：24 - 35.

[230] 文书洋，林则夫，刘锡良. 绿色金融与经济增长质量：带有资源环境约束的一般均衡模型构建与实证检验 [J]. 中国管理科学，2022，30（3）：55 - 65.

[231] 吴敬茹，杨在军. 京津冀城市群先进制造产业发展水平测度与影响因素分析 [J]. 统计与决策，2021，37（14）：97 - 100.

[232] 吴传清，周西一敏．长江经济带绿色经济效率的时空格局演变及其影响因素研究 [J]．宏观质量研究，2020，8（3）：120－128.

[233] 吴中庆，刘永健．区域一体化提升企业绩效的政策效应研究——以"长三角城市经济协调会"为准自然实验的经验分析 [J]．西部论坛，2021，31（2）：61－76.

[234] 西南财经大学发展研究院，环保部环境与经济政策研究中心课题组，李晓西，等．绿色金融与可持续发展 [J]．金融论坛，2015，20（10）：30－40.

[235] 席强敏，陈曦，李国平．中国城市生产性服务业模式选择研究——以工业效率提升为导向 [J]．中国工业经济，2015（2）：18－30.

[236] 席强敏，罗心然．京津冀生产性服务业与制造业协同发展特征与对策研究 [J]．河北学刊，2017，37（1）：122－129.

[237] 夏诗园．"双循环"新发展格局下产业链升级机遇、挑战和路径选择 [J]．当代经济管理，2022，44（5）：65－72.

[238] 向晓梅，杨娟．粤港澳大湾区产业协同发展的机制和模式 [J]．华南师范大学学报（社会科学版），2018（2）：17－20.

[239] 肖金成，汪阳红，张燕．成渝城市群空间布局与产业发展研究 [J]．全球化，2019（8）：30－48，134.

[240] 肖旭，戚聿东．产业数字化转型的价值维度与理论逻辑 [J]．改革，2019（8）：61－70.

[241] 熊立春，赵利媛，王凤婷．产业政策对林业产业结构优化影响研究进展 [J]．世界林业研究，2022，35（4）：76－81.

[242] 熊励，蔡雪莲．数字经济对区域创新能力提升的影响效应——基于长三角城市群的实证研究 [J]．华东经济管理，2020，34（12）：1－8.

[243] 熊世伟，俞彦，覆谦．以高端产业集群引领上海产业链现代

化的路径研究 [J]. 现代管理科学, 2021 (6): 3 - 11.

[244] 徐高彦, 吴文静, 胡世亮. 产业政策会影响上市公司盈余预告自愿披露吗?——基于政策信号传递效应视角 [J]. 北京工商大学学报 (社会科学版), 2022, 37 (3): 72 - 84.

[245] 徐生霞, 刘强. 跨区域城市群经济协调发展研究——基于产业转型升级与政策干预的视角 [J]. 数理统计与管理, 2022, 41 (3): 427 - 443.

[246] 徐胜, 赵欣欣, 姚双. 绿色信贷对产业结构升级的影响效应分析 [J]. 上海财经大学学报, 2018, 20 (2): 59 - 72.

[247] 徐维军, 张晓晴, 张卫国. 政策视角下粤港澳大湾区城市群产业结构问题研究 [J]. 城市观察, 2020 (2): 7 - 19.

[248] 徐维祥, 周建平, 刘程军. 数字经济发展对城市碳排放影响的空间效应 [J]. 地理研究, 2022, 41 (1): 111 - 129.

[249] 徐喆, 李春艳. 我国科技政策组合特征及其对产业创新的影响研究 [J]. 科学学研究, 2017, 35 (1): 45 - 53.

[250] 薛秋童, 封思贤. "双循环" 新发展格局下数字金融对产业结构升级的影响 [J]. 暨南学报 (哲学社会科学版), 2022, 44 (9): 82 - 105.

[251] 闫里鹏, 牟俊霖, 王阳. 中国城市、城市群产业比较优势动态发展特征与经济增长 [J]. 经济体制改革, 2023 (1): 52 - 60.

[252] 严成樑. 产业结构变迁、经济增长与区域发展差距 [J]. 经济社会体制比较, 2016 (4): 40 - 53.

[253] 晏艳阳, 王娟. 产业政策如何促进企业创新效率提升——对 "五年规划" 实施效果的一项评价 [J]. 产经评论, 2018, 9 (3): 57 - 74.

[254] 杨海华. 新常态下我国城市群空间结构：主体框架及演进机理 [J]. 改革与战略，2018，34（8）：94-100.

[255] 杨继东，罗路宝. 产业政策、地区竞争与资源空间配置扭曲 [J]. 中国工业经济，2018（12）：5-22.

[256] 杨力，杨凌霄，张紫婷. 金融支持、科技创新与产业结构升级 [J]. 会计与经济研究，2022，36（5）：89-104.

[257] 杨巧，陈虹. 产业协同集聚对经济增长质量影响的实证 [J]. 统计与决策，2021，37（19）：98-102.

[258] 杨瑞龙，侯方宇. 产业政策的有效性边界——基于不完全契约的视角 [J]. 管理世界，2019，35（10）：82-94，219-220.

[259] 杨晓霞，陈晓东. 数字经济能够促进产业链创新吗？——基于 OECD 投入产出表的经验证据 [J]. 改革，2022（11）：54-69.

[260] 杨晓玉，周丹. 绿色金融支持农业高质量发展的机遇、困难和现实路径 [J]. 农业经济，2022（8）：111-113.

[261] 杨永聪，沈晓娟，刘慧婷. 人才政策与城市产业结构转型升级——兼议"抢人大战"现象 [J]. 产业经济研究，2022（5）：72-85.

[262] 姚维瀚，姚战琪. 数字经济、研发投入强度对产业结构升级的影响 [J]. 西安交通大学学报（社会科学版），2021，41（5）：11-21.

[263] 叶祥松，欧进锋. 新一代人工智能与中国产业结构优化的动态交互效应及耦合协调度——基于省际面板数据的实证分析 [J]. 广东社会科学，2023（2）：27-40.

[264] 尹子擘，孙习卿，邢茂源. 绿色金融发展对绿色全要素生产率的影响研究 [J]. 统计与决策，2021，37（3）：139-144.

[265] 于斌斌. 产业结构调整与生产率提升的经济增长效应——基

于中国城市动态空间面板模型的分析 [J]. 中国工业经济, 2015 (12): 83 – 98.

[266] 于斌斌, 杨宏翔, 金刚. 产业集聚能提高地区经济效率吗? ——基于中国城市数据的空间计量分析 [J]. 中南财经政法大学学报, 2015, 210 (3): 121 – 130.

[267] 于波, 范从来. 绿色金融、技术创新与经济高质量发展 [J]. 南京社会科学, 2022 (9): 31 – 43.

[268] 于光妍, 周正. 城市群产业分工、结构升级与经济增长 [J]. 技术经济与管理研究, 2021 (11): 116 – 120.

[269] 余典范, 王超, 陈磊. 政府补助、产业链协同与企业数字化 [J]. 经济管理, 2022, 44 (5): 63 – 82.

[270] 余东华, 李云汉. 数字经济时代的产业组织创新——以数字技术驱动的产业链群生态体系为例 [J]. 改革, 2021 (7): 24 – 43.

[271] 余奕杉, 卫平, 高兴民. 生产性服务业集聚对城市绿色全要素生产率的影响——以中国 283 个城市为例 [J]. 当代经济管理, 2021, 43 (4): 54 – 65.

[272] 余壮雄, 陈婕, 董洁妙. 通往低碳经济之路: 产业规划的视角 [J]. 经济研究, 2020, 55 (5): 116 – 132.

[273] 俞国军, 贺灿飞, 朱晟君. 产业集群韧性: 技术创新、关系治理与市场多元化 [J]. 地理研究, 2020, 39 (6): 1343 – 1356.

[274] 俞岚. 绿色金融发展与创新研究 [J]. 经济问题, 2016 (1): 78 – 81.

[275] 郁义鸿. 产业链类型与产业链效率基准 [J] 中国工业经济, 2005 (11): 35 – 42.

[276] 袁凯华, 李后建, 高翔. 我国制造业企业国内价值链嵌入度

的测算与事实 [J]. 统计研究, 2021, 38 (8): 83 - 95.

[277] 曾冰. 区域经济韧性内涵辨析与指标体系构建 [J]. 区域金融研究, 2020 (7): 74 - 78.

[278] 詹蕾, 郭平, 颜建军. 环境税政策与产业结构优化——基于省级面板数据的空间计量分析 [J]. 经济地理, 2022, 42 (5): 114 - 124.

[279] 张定, 曹卫东, 范娇娇, 等. 长三角城市物流发展效率的时空格局演化特征与机制 [J]. 经济地理, 2014, 34 (8): 103 - 110.

[280] 张二震, 戴翔. 全球产业链供应链调整新趋向及其对策 [J]. 经济学动态, 2022 (10): 31 - 41.

[281] 张芙嘉, 张雯玮. 绿色信贷对绿色经济发展的影响研究——基于动态面板系统 GMM 模型 [J]. 现代商贸工业, 2022 (1): 135 - 137.

[282] 张虎, 张毅, 韩爱华. 我国产业链现代化的测度研究 [J]. 统计研究, 2022, 39 (11): 3 - 18.

[283] 张辉, 吴唱唱, 姜峰. 国内国际双循环相互促进研究——中国规模化经济视角 [J]. 政治经济学评论, 2021, 12 (2): 62 - 81.

[284] 张慧, 易金彪, 徐建新. 数字经济对区域创新效率的空间溢出效应研究——基于要素市场化配置视角 [J]. 证券市场导报, 2022 (7): 13 - 22.

[285] 张莉, 朱光顺, 李夏洋, 等. 重点产业政策与地方政府的资源配置 [J]. 中国工业经济, 2017 (8): 63 - 80.

[286] 张琳. 环境约束条件下长江经济带城市群产业协同发展研究——基于流通赋能的视角 [J]. 商业经济研究, 2022 (24): 154 - 157.

［287］张璐. 绿色金融对产业结构调整的作用效应研究 ［J］. 天津商业大学学报，2019，39（5）：34－41.

［288］张其仔. 产业链供应链现代化新进展、新挑战、新路径 ［J］. 山东大学学报（哲学社会科学版），2022（1）：131－140.

［289］张其仔. 提升产业链供应链现代化水平要精准施策 ［N］. 经济日报，2021－01－21（10）.

［290］张其仔，许明. 实施产业链供应链现代化导向型产业政策的目标指向与重要举措 ［J］. 改革，2022（7）：82－93.

［291］张其仔，许明. 中国参与全球价值链与创新链、产业链的协同升级 ［J］. 改革，2020（6）：58－70.

［292］张茜，俞颖. 绿色金融对城市高质量发展的作用研究——来自277个地级市数据的证据 ［J］. 金融发展研究，2023（3）：52－58.

［293］张倩，林映贞. 双重环境规制、科技创新与产业结构变迁——基于中国城市面板数据的实证检验 ［J］. 软科学，2022，36（1）：37－43.

［294］张若雪. 从产品分工走向功能分工：经济圈分工形式演变与长期增长 ［J］. 南方经济，2009（9）：37－48.

［295］张少军，刘志彪. 国内价值链是否对接了全球价值链——基于联立方程模型的经验分析 ［J］. 国际贸易问题，2013（2）：14－27.

［296］张思麒，刘导波. 技术进步视角下中国产业结构高级化格局及影响因素 ［J］. 经济地理，2022，42（5）：104－113.

［297］张素庸，汪传旭，任阳军. 生产性服务业集聚对绿色全要素生产率的空间溢出效应 ［J］. 软科学，2019，33（11）：11－15，21.

［298］张婷，李泽辉，崔婕. 绿色金融、环境规制与产业结构优化 ［J］. 山西财经大学学报，2022，44（6）：84－98.

［299］张同斌，高铁梅．财税政策激励、高新技术产业发展与产业结构调整［J］．经济研究，2012，47（5）：58 – 70.

［300］张伟．现代产业体系绿色低碳化的实现途径及影响因素［J］．科研管理，2016，37（S1）：426 – 432.

［301］张伟，游建民．全球价值链下产业链绿色低碳化升级研究［J］．江西财经大学学报，2017（4）：3 – 13.

［302］张昕蔚．数字经济条件下的创新模式演化研究［J］．经济学家，2019（7）：32 – 39.

［303］张燕，邓峰，卓乘风．产业政策对创新数量与质量的影响效应［J］．宏观质量研究，2022，10（3）：63 – 78.

［304］张耀一．农业产业链现代化运作逻辑及实现路径研究［J］．技术经济与管理研究，2021（11）：125 – 128.

［305］张轶群，杜传忠．基于大数据的产业链演变研究［J］．人文杂志，2020（4）：38 – 46.

［306］张于喆．数字经济驱动产业结构向中高端迈进的发展思路与主要任务［J］．经济纵横，2018（9）：85 – 91.

［307］张振，李志刚，胡璇．城市群产业集聚、空间溢出与区域经济韧性［J］．华东经济管理，2021，35（8）：59 – 68.

［308］张震．粤港澳大湾区产业结构变迁对经济协调发展的影响［J］．科技进步与对策，2019，36（7）：48 – 55.

［309］赵炳新，陈效珍，陈国庆．产业基础关联树的构建与分析——以山东、江苏两省为例［J］．管理评论，2013，25（2）：35 – 42.

［310］赵大建．绿色金融驱动经济转型［J］．中国金融，2014（4）：20 – 21.

［311］赵放，曾国屏．全球价值链与国内价值链并行条件下产业升

级的联动效应——以深圳产业升级为案例 [J]. 中国软科学, 2014 (11): 50 - 58.

[312] 赵福全, 刘宗巍, 郝瀚, 等. 中国汽车工业强基战略与实施建议 [J]. 中国软科学, 2016 (10): 1 - 10.

[313] 赵蓉, 赵立祥, 苏映雪. 全球价值链嵌入、区域融合发展与制造业产业升级——基于双循环新发展格局的思考 [J]. 南方经济, 2020 (10): 1 - 19.

[314] 赵涛, 张智, 梁上坤. 数字经济、创业活跃度与高质量发展——来自中国城市的经验证据 [J]. 管理世界, 2020, 36 (10): 65 - 76.

[315] 赵西三. 数字经济驱动中国制造转型升级研究 [J]. 中州学刊, 2017 (12): 36 - 41.

[316] 赵勇, 白永秀. 中国城市群功能分工测度与分析 [J]. 中国工业经济, 2012, 296 (11): 18 - 30.

[317] 郑江淮, 戴玮, 冉征. "十四五" 时期提升产业链现代化发展水平的路径: 以江苏为例 [J]. 现代管理科学, 2021 (1): 4 - 15.

[318] 郑江淮, 孙冬卿, 段继红. 我国产业链现代化路径及其区域性发展思路——苏粤产业链网络演变的启示 [J]. 东南学术, 2022 (6): 185 - 196, 247.

[319] 郑涛, 杨如雪. 高技术制造业的技术创新、产业升级与产业韧性 [J]. 技术经济, 2022, 41 (2): 1 - 14.

[320] 中国工商银行绿色金融课题组, 张红力, 周月秋, 等. ESG 绿色评级及绿色指数研究 [J]. 金融论坛, 2017, 22 (9): 3 - 14.

[321] 中国社会科学院工业经济研究所课题组, 张其仔. 提升产业链供应链现代化水平路径研究 [J]. 中国工业经济, 2021 (2): 80 - 97.

[322] 仲颖佳，孙攀，高照军．基于时空数据的财政政策对产业结构升级的影响研究——来自281个城市的经验证据 [J]．软科学，2020，34（10）：56-62．

[323] 周琛影，田发，周腾．绿色金融对经济高质量发展的影响效应研究 [J]．重庆大学学报（社会科学版），2022，28（6）：1-13．

[324] 朱博恩，张伯伟，马骆茹．交通基础设施联通对"丝绸之路经济带"的经济影响研究——基于CGE的模拟分析 [J]．国际商务（对外经济贸易大学学报），2019（5）：41-55．

[325] 朱春红．信息产业发展与产业结构升级的关联性研究 [J]．经济与管理研究，2005（9）：67-69．

[326] 朱昊缘，吴燕华．绿色信贷对产业结构升级的影响研究——基于我国省级面板的实证分析 [J]．北方经贸，2021（12）：84-87．

[327] 朱明皓，张志博，杨晓迎，等．推进产业基础高级化的战略与对策研究 [J]．中国工程科学，2021，23（2）：122-128．

[328] 朱向东，黄永源，朱晟君，等．绿色金融影响下中国污染性产业技术创新及其空间差异 [J]．地理科学，2021，41（5）：777-787．

[329] 祝合良，王春娟．"双循环"新发展格局战略背景下产业数字化转型：理论与对策 [J]．财贸经济，2021，42（3）：14-27．

[330] 庄贵阳，周宏春，郭萍，等．"双碳"目标与区域经济发展 [J]．区域经济评论，2022（1）：16-27．

[331] 卓玛草．中国产业结构变迁特征、驱动机制及成因分解——理论模型与定量事实 [J]．中国经济问题，2022（4）：125-140．

[332] 踪锋，程林，包耀东．数字经济与产业结构升级的耦合协调及时空演化 [J]．技术经济与管理研究，2023（3）：8-13．

［333］邹梦婷，凌丹，黄大禹，等 . 制造业数字化转型与产业链现代化关联性研究［J］. 科学学研究，2023，41（4）：634 - 642，658.

［334］左鹏飞，姜奇平，陈静 . 互联网发展、城镇化与我国产业结构转型升级［J］. 数量经济技术经济研究，2020，37（7）：71 - 91.

［335］Abdel - Rahman H M，Anas A. Theories of systems of cities［J］. Handbook of Regional and Urban Economics，2004，4（4）：2293 - 2339.

［336］Abrell T，Pihlajamaa M，Kanto L，et al. The role of users and customers in digital innovation：Insights from B2B manufacturing firms［J］. Information & Management，2016，53（3）：324 - 335.

［337］Acemoglu D，Aghion P，Bursztyn L，et al. The environment and directed technical change［J］. American Economic Review，2012，102（1）：131 - 66.

［338］Aghion P，Dechezleprêtre A，Hemous D，et al. Carbon taxes，path dependency，and directed technical change：Evidence from the auto industry［J］. Journal of Political Economy，2016，124（1）：1 - 51.

［339］Aghion P J，Cai M，Dewatripont，et al. Industrial policy and competition［J］. American Economic Journal：Macroeconomics，2015，7（4）：1 - 32.

［340］Ahn J A，Khandelwal K，Wei S J. The role of intermediaries in facilitating trade［J］. Journal of International Economics，2018，84（1）：73 - 85.

［341］Al - Sheryani K，Nobanee H. Green finance：A mini review［J］. SSRN Electronic Journal，2020（2）：1 - 18.

［342］Anton S G，Nucu A E A. The effect of financial development on renewable energy consumption：A panel data approach［J］. Renew Energy，

2020，147：330 – 338.

[343] Bals L, Daum A, Tate W. From offshoring to rightshoring：Focus on the backshoring phenomenon [J]. Aib Insights, 2015, 15 (4)：3 – 8.

[344] Boschmar, Minondoa, Navarrom. The emergence of new industries at the regional level in Spain：A proximity approach based on product relatedness [J]. Economic Geography, 2013, 89：29 – 51.

[345] Casella B, Bolwijn, R. Improving the analysis of global value chains：The UNCTAD – Eora database [J]. Social Science Electronic Publishing, 2019, 26 (3)：115 – 142.

[346] Chen D, Li O Z, Xin F. Five-year plans, China finance and their consequences [J]. China Journal of Accounting Research, 2017, 10 (3)：189 – 230.

[347] Chu H, Lai C C. Abatement R&D, market imperfections and environmental policy in an endogenous growth model [J]. Journal of Economic Dynamics and Control, 2014, 41：20 – 37.

[348] Constantinides P, Parker G, Henfridsson O. Introduction—platforms and infrastructures in the digital age [J]. Information Systems Research, 2018 (2)：1 – 20.

[349] Diodato D F, Neffke N. O'Clery. Why do industries coagglomerate? How Marshallian externalities differ by industry and have evolved over time [J]. Journal of Urban Economics, 2018, (106)：1 – 26.

[350] Durantong, Pugad. Micro-foundations of urban agglomeration economies [J]. Handbook of regional and urban economics, 2004, 4：2063 – 2117.

[351] Eric Cowan. Topical issues in environmental finance [R]. Asia

Branch of the Canadian International Development Agency（CIDA），1999：1 – 27.

[352] Ezcurra R V. Rios. Volatility and regional growth in Europe：Does space matter [J]. Spatial Economic Analysis，2015，10（3）：344 – 368.

[353] Fan S G，Zhang X B，Robinsons. Structural change and economic growth in China [J]. Review of Development Economics，2003，7（3）：360 – 377.

[354] Fisman R，Love I. Patterns of industrial development revisited：The role of finance [J]. Policy research working paper series，2002.

[355] Golzer P，Fritzsche A. Data-driven operations management：Organisational implications of the digital transformation in Industrial practice [J]. Production Planning & Control，2017，28（16）：1332 – 1343.

[356] Harrison J，Gu H. Planning megaregional futures：Spatial imaginaries and megaregion formation in China [J]. Regional Studies，2021，55（1）：77 – 89.

[357] Hellmann T，Murdock K，Stiglitz J. Financial restraint：toward a new paradigm [J]. Oxford University Press，1995，9（3）：61 – 64.

[358] Hellmanzik C，Schmitz M. Virtual proximity and audiovisual service trade [J]. European Economic Review，2015，77（7）：82 – 101.

[359] Hohenberg P M，Lees L H. The making of Urban Europe，1000 – 1994：With a new preface and a new chapter [M]. Cambridge：Harvard University Press，1995.

[360] Hunt R M. Patentability，industry structure and innovation [J]. Journal of Industrial Economics，2004，52（3）：401 – 425.

[361] Johannsen B K. When are the effects of fiscal policy Uncertainty

Large [R]. FEDS Working Paper, 2014.

[362] Ketels C. Recent research on competitiveness and clusters: What are the implications for regional policy? [J]. Cambridge Journal of Regions, 2013, 6 (2): 269 –217.

[363] Kohli R, Melville N P. Digital innovation: A review and synthesis [J]. Information Systems Journal, 2019, 29 (1): 200 –223.

[364] Koopman R, Wang Z, Wei S J. Tracing value-added and double counting in gross export [J]. American Economic Review, 2014 (2): 459 – 494.

[365] Koopman R, Powers W M, Wang Z, et al. Give credit where credit is due: Tracing value added in global production chains [R]. NBER Working Paper, 2010.

[366] Krugman P. Scale economies, product differentiation and the pattern of trade [J]. American Economic Review, 1980, 70 (5): 950 –959.

[367] Davidson L A. The end of print: Digitization and its consequence— Revolutionary changes in scholarly and social communication and in scientific research [J]. International Journal of Toxicolgy, 2005, 24: 25 – 34.

[368] Lanoie P, Patry M, Lajeunesse R. Environmental regulation and productivity: Testing the porter hypothesis [J]. Journal of Productivity Analysis, 2008, 30 (2): 121 –128.

[369] Laudien S M, Pesch R. Understanding the influence of digitalization on service firm business model design: A qualitative-empirical analysis [J]. Review of Managerial Science. 2019, 13 (3): 575 –587.

[370] Lee S, Li Q. Uneven landscapes and city size distributions [J].

Journal of Urban Economics, 2013 (11): 19 – 29.

[371] Liu J, Hu X, Wu J. Fiscal decentralization, financial efficiency and upgrading the industrial structure: an empirical analysis of a spatial heterogeneity model [J]. Journal of Applied Statistics, 2017, 44 (1): 181 – 196.

[372] Los B, Timmer M P, de Vries G J. Tracing value-added and double counting in gross exports: comment [J]. American Economic Review, 2016 (7): 1958 – 1966.

[373] Lyytinen K, Yoo Y, Boland R J. Digital product innovation within four classes of innovation networks [J]. Information Sys-tems Journal, 2016, 26 (1): 47 – 75.

[374] Martinez – Caro E, Cegarra – Navarro J G, Alfonso – Ruiz F J. Digital technologies and firm performance: The role of digital organisational culture [J]. Technological Forecasting and Social Change, 2020, 154: 119962.

[375] Mckinsey. Unlocking success in digital transformations [R]. McKinsey&Company, 2018.

[376] Meijers H. Does the internet generate economic growth, international trade, or both? [J]. International Economics and Economic Policy, 2014, 11 (1): 137 – 163.

[377] Muffatto M, M Roveda. Product architecture and platforms: A conceptual framework [J]. International Journal of Technology Management, 2002, 24 (1): 1 – 16.

[378] Mulligan G F. Book Review: The great convergence: Information technology and the new globalization [J]. Economic Development Quarterly,

2020, 34（4）: 387－390.

［379］Nambisan S, Lyytinen K, Majchrzak A. Digital innovation management: reinventing innovation management research in a digital world［J］. MIS Quarterly, 2017, 41（1）: 223－237.

［380］Neffkef, Henning, Boschmar. How do regions diversify over time? Industry relatedness and the development of new growth paths in regions［J］. Economic Geography, 2011, 87: 237－265.

［381］Nyagadza B, Pashapa R, Chare A, et al. Digital technologies, Fourth Industrial Revolution（4IR）& Global Value Chains（GVCs）nexus with emerging economies' future industrial innovation Dynamics［J］. Cogent Economics & Finance, 2022, 10（1）: 2014654.

［382］Ollivier H. North-south Trade and Heterogeneous Damages from Local and Global Pollution［J］. Environmental and Resource Economics, 2016, 65（2）: 337－355.

［383］Palencia J C G, Fuubayashi T, Nakata T. Analysis of CO2 emissions reduction potential in secondary production and semi-fabrication of nonferrous metals［J］. Energy policy, 2013（52）: 328－341.

［384］Paul Krugman. Scale economies, product differentiation and the pattern of trade［J］. The American Economic Review, 1980, 70（5）.

［385］Peter C. Verhoef Thijs Broekhuizen Yakov Bart et al. Digital transformation: A multidisciplinary reflection and research agenda［J］. Journal of Business Research, 2019, 9（22）: 10－16.

［386］Ps Heo, Dh Lee. Evolution of the linkagestructure of ICT industry and its role in the economic system: the case of Korea［J］. Information Technology for Development, 2019, 25（3）: 424－454.

[387] Quah D. The Global Economy'S Shifting Centre of Gravity [J]. Global Policy, 2011, 2 (1): 3 – 9.

[388] Rossi – Hansberg E, Sarte P – D, OWENS R. Firm Fragmentation and Urban Patterns [J]. International Economic Review, 2009, 50 (1): 143 – 186.

[389] Rowley C, Oh I. The enigma of Chinese business: understanding corporate performance through managerial ties [J]. Asia Pacific Business Review, 2020 (5): 529 – 536.

[390] Sachs J, Woo W T, Yoshinon, et al. Importance of green finance for achieving sustainable development goals and energy security [J]. Handbook of Green Finance: Energy Security and Sustainable Development, 2019 (1): 3 – 12.

[391] Salazar J. Environmental finance: Linking two world [J]. A Workshop on Financial Innovations for Biodiversity Bratislava, 1998 (1): 2 – 18.

[392] Sheinbaum C, Ruiz B J, Ozawa L. Energy consumption and related CO2 emissions in five Latin American countries: Changes from 1990 to 2006 and perspectives [J]. Energy, 2011 (6): 3629 – 3638.

[393] Shi X, Xu Z. Environmental regulation and firm exports: Evidence from the eleventh Five – Year Plan in China [J]. Journal of Environmental Economics and Management, 2018, 89: 187 – 200.

[394] Soundarrajan P, Vivek N. Green finance for sustainable green economic growth in India [J]. Agricultural Economics, 2016, 64.

[395] Sugeta H, Matsumoto S. Green tax reform in an Oligopolistic Industry [J]. Environmental and Resource Economics, 2005, 31 (3), 253 – 274.

［396］Sungjoo Lee, Moon – Soo Kim, Yongtae Park. ICT Co-evolution and Korean ICT strategy: An analysis based on patent data ［J］. Telecommunications Policy, 2009, 33 (5): 253 – 271.

［397］Thompson J B. Books in the digital age: The transformation of academic and higher education publishing in Britain and the United States ［M］. Cambridge: Polity, 2005.

［398］Vendrell – Herrero F, Bustinza O F, Parry G, et al. Servitization, digitization and supply chain interdependency ［J］. Industrial Marketing Management, 2017 (60): 69 – 81.

［399］Verhoef P C, Broekhuizen T, Bart Y, et al. Digital transformation: A multidisciplinary reflection and research agenda ［J］. Journal of Business, 2019, 22 (9): 756 – 812.

［400］Werf E H, Di Maria C. Imperfect environmental policy and polluting emissions: The green paradox and beyond ［J］. International Review of Environmental and Resource Economics, 2012, 6 (2): 153 – 194.

［401］William B, Beyers, David P, Lindahl. Explaining the demand for producer services: is cost-driven externalization the major factor? ［J］. Papers in Regional Science, 1996.

［402］Yu Z, Dong J, Feng Y. The impacts of the government industrial plans on china's exports and trade balance ［J］. Journal of Contemporary China, 2020, 29 (121): 141 – 158.